時代を動かした人々 10 [維新篇]

明治日本を創った志士

伊藤博文

古川 薫

目次

装画……………岡田嘉夫
装丁……………中村友和（ROVARIS）

プロローグ

ライジング・サン

一八七二年《ねん》一月《がつ》二十三日《にち》。
文明開化《ぶんめいかいか》の先兵《せんぺい》として欧米《おうべい》に派遣《はけん》される
岩倉使節団《いわくらしせつだん》の副使《ふくし》伊藤博文《いとうひろぶみ》は、
その日《ひ》、サンフランシスコにいた。

グランド・ホテルでは、三百人《びゃくにん》の紳士淑女《しんししゅくじょ》が集《つど》う
盛大《せいだい》な使節団歓迎《しせつだんかんげい》レセプションが催《もよお》されている。
日本人《にほんじん》を代表《だいひょう》して、
博文《ひろぶみ》は英語《えいご》による謝辞《しゃじ》を述《の》べた。

……designed to be,
the noble emblem

of the rising sun,
moving onward and upward amid
the enlightened nations
of the world!

……わが日《ひ》の丸《まる》は、世界《せかい》の文明国家《ぶんめいこっか》に伍《ご》して、
前方《ぜんぽう》に、かつ上方《じょうほう》に
うごかんとする旭日《きょくじつ》をデザインした
堂々《どうどう》たる象徴《しょうちょう》である！

日本《にほん》の国旗《こっき》がいつ制定《せいてい》されたかは、
あきらかではない。

明治《めいじ》三(一八七〇)年《ねん》一月《がつ》、
太政官令《だいじょうかんれい》五七号《ごう》で「商船《しょうせん》に掲《かか》ぐべき御国旗《ごこっき》」として、
日《ひ》の丸《まる》の寸法《すんぽう》など決《き》めている。
それ以前《いぜん》、国際的《こくさいてき》に国旗《こっき》として日《ひ》の丸《まる》が使《つか》われた例《れい》は、
万延元《まんえんがん》(一八六〇)年《ねん》、
遣米使節《けんべいしせつ》を乗《の》せた咸臨丸《かんりんまる》(艦長《かんちょう》・勝海舟《かつかいしゅう》)が、
日《ひ》の丸《まる》をひるがえして、
アメリカに渡《わた》ったことがよく知《し》られている。

外国人《がいこくじん》は白地《しろじ》にぽつんと赤丸《あかまる》を染《そ》めた
――当時《とうじ》は日《ひ》の丸《まる》が小《ちい》さかった――
日章旗《にっしょうき》を見《み》て、

「手紙《てがみ》の封蠟《ふうろう》（密封《みっぷう》に用《もち》いる赤《あか》い蠟《ろう》）のようだ」と、
鎖国《さこく》によって文明《ぶんめい》に遅《おく》れた日本《にほん》を
揶揄《やゆ》（からかうこと）し、さげすんだ。

一八七二年《ねん》のサンフランシスコで、
伊藤博文《いとうひろぶみ》は、
「あなた方《がた》が笑《わら》った日本《にほん》の国旗《こっき》は、
もはや門戸《もんこ》を閉《と》ざした島国《しまぐに》のそれではない。
いまはまさに旭日《きょくじつ》、ライジング・サンである」と、
誇《ほこ》り高《たか》く新《あたら》しい日本《にほん》の未来《みらい》を予言《よげん》した。
これが、後世《こうせい》に伝《つた》わる、
サンフランシスコの「日《ひ》の丸演説《まるえんぜつ》」だ。

第一章
風雪の時代

少年《しょうねん》は大志《たいし》を抱《いだ》く

伊藤博文《いとうひろぶみ》は、天保《てんぽう》十二（一八四一）九月《がつ》、長州藩《ちょうしゅうはん》領《りょう》の周防国《すおうのくに》熊毛《くまげ》郡束荷村《ぐんつかりむら》の小作農《こさくのう》・十蔵《じゅうぞう》の子《こ》に生《う》まれた。

幼名《ようみょう》を利助《りすけ》といった。

長州《ちょうしゅう》の貧《まず》しい農民《のうみん》の家《いえ》に生《う》まれた利助《りすけ》は、明《あか》るい少年《しょうねん》だった。

——おれはサムライになってやるぞ。

利助《りすけ》は、刀《かたな》に見立《みた》てた枯《か》れ枝《えだ》を二本《ほん》

いつも腰《こし》に差《さ》して遊《あそ》んだ。

しかしそのころの日本《にほん》は、
徳川幕府《とくがわばくふ》による独裁政治《どくさいせいじ》が、
もう二百年《ひゃくねん》以上《いじょう》もつづいている。
古《ふる》い封建社会《ほうけんしゃかい》の身分制度《みぶんせいど》
「士《し》」「農《のう》」「工《こう》」「商《しょう》」の階級差別《かいきゅうさべつ》に、
国民《こくみん》は、がんじがらめにされていた。
「農《のう》」は百姓《ひゃくしょう》と呼《よ》ばれ、
サムライ（士《し》）の次《つぎ》の身分《みぶん》をあたえられているけれど、
それは主食《しゅしょく》である米《こめ》の生産《せいさん》にあたる人々《ひとびと》だからだ。
サムライたちの親分《おやぶん》「大名《だいみょう》」の

十万石《まんごく》、三十万石《まんごく》、百万石《ひゃくまんごく》という「石高《こくだか》」は、幕府《ばくふ》からもらった領地《りょうち》でできる米《こめ》の年間生産量《ねんかんせいさんりょう》だ。そしてサムライたちが藩主《はんしゅ》からもらう給料《きゅうりょう》は「禄米《ろくまい》」という。

彼《かれ》らは、その米《こめ》を食《た》べ、のこりの米《こめ》をお金《かね》にかえて生活《せいかつ》している。五十石《じっこく》、百石《ひゃっこく》、五百石《ひゃっこく》、千石《せんごく》と、サムライの身分《みぶん》も禄米《ろくまい》の高《たか》さで決《き》まっていた。

百姓《ひゃくしょう》の身分《みぶん》もいくつかにわかれている。大《おお》きくわければ「地主《じぬし》」と「小作《こさく》」のちがいがある。地主《じぬし》は土地《とち》――田畑《でんぱた》――の所有《しょゆう》を許《ゆる》された特権階級《とっけんかいきゅう》、

村役人《むらやくにん》といわれる庄屋《しょうや》が、
村《むら》を支配《しはい》している。
庄屋《しょうや》も藩《はん》から派遣《はけん》されてくる代官《だいかん》には
頭《あたま》があがらないが、
裕福《ゆうふく》に暮《く》らしている。

哀《あわ》れなのは地主《じぬし》から田地《でんち》を借《か》りて、
米《こめ》をつくる小作人《こさくにん》たちだ。
彼《かれ》らは収穫《しゅうかく》の大部分《だいぶぶん》にあたる小作料《こさくりょう》を地主《じぬし》に差《さ》し出《だ》す。
それを「年貢《ねんぐ》」という。
藩《はん》が百姓《ひゃくしょう》たちに命《めい》ずる「公租《こうそ》」――税金《ぜいきん》――も
年貢《ねんぐ》という。

藩《はん》の財政《ざいせい》が苦《くる》しくなれば、
年貢《ねんぐ》の率《りつ》も高《たか》くなる。
ふつうは四公六民《しこうろくみん》（四割《わり》が税金《ぜいきん》）とされた。
財政困難《ざいせいこんなん》の長州藩《ちようしゆうはん》は、
幕末《ばくまつ》になると七公三民《しちこうさんみん》となり、
ひどいときは九公一民《きゆうこういちみん》となって、
「小作農《こさくのう》」は貧《まず》しい生活《せいかつ》に追《お》いこまれた。
大半《たいはん》を年貢米《ねんぐまい》にまきあげられて、
米《こめ》をつくっていながら、
米《こめ》が食《た》べられず
稗《ひえ》や粟《あわ》を食《く》って飢《う》えをしのいだ。
日本《にほん》には奴隷制度《どれいせいど》はなかったというが、

小作農《こさくのう》の多《おお》くは事実上《じじつじょう》の奴隷《どれい》にもひとしいみじめな生活《せいかつ》をしていた。

利助《りすけ》は、長州藩《ちょうしゅうはん》のどん底《ぞこ》の小作農《こさくのう》の子《こ》として生《う》まれた。

――おれはサムライになってやるぞ。

利助《りすけ》が刀《かたな》に見立《みた》てた枯《か》れ枝《えだ》を二本《ほん》いつも腰《こし》に差《さ》して遊《あそ》んだのは、みじめな生活《せいかつ》から逃《のが》れ出《で》ようとする意志《いし》の表現《ひょうげん》だった。

奴隷《どれい》のような階層《かいそう》から、いちだん上《うえ》の階層《かいそう》にはいのぼってやろうというかたい決意《けつい》を、利助《りすけ》は抱《いだ》いた。

上昇志向《じょうしょうしこう》という。

だが時《とき》は封建時代《ほうけんじだい》の真《ま》っ只中《ただなか》、
百姓《ひやくしよう》の子《こ》に生《う》まれた者《もの》は、
よほど例外的《れいがいてき》な幸運《こううん》にめぐまれないかぎり、
死《し》ぬまで百姓《ひやくしよう》である。
小作農《こさくのう》の子《こ》に生《う》まれた利助《りすけ》は、
奴隷《どれい》のように、はたらきづめ、
枯《か》れ木《き》のように、
長州藩領《ちようしゆうはんりよう》の一隅《いちぐう》に朽《く》ち果《は》てる運命《うんめい》を背負《せお》っていた。

出郷《しゅっきょう》

利助《りすけ》の父十蔵《ちちじゅうぞう》は性格《せいかく》がまじめで、はたらき者《もの》だったから、畔頭《くろがしら》という役目《やくめ》をつとめるようになった。畔頭《くろがしら》は、庄屋《しょうや》の推薦《すいせん》によって代官《だいかん》から命《めい》じられる村《むら》の世話役《せわやく》で、年貢《ねんぐ》の収納《しゅうのう》なども手伝《てつだ》った。

十蔵《じゅうぞう》は人《ひと》に対《たい》しても優《やさ》しく、責任感《せきにんかん》が強《つよ》かったので、とくに貧困《ひんこん》な小作農《こさくのう》の救助《きゅうじょ》に、自分《じぶん》の家《いえ》の苦《くる》しさもそっちのけで走《はし》りまわった。

そのため、いつのまにか担当《たんとう》している年貢米《ねんぐまい》に十二石分《こくぶん》が不足《ふそく》して、弁償《べんしょう》しなければならなくなった。これを「引《ひ》き負《お》い」という。

十蔵《じゅうぞう》は庄屋《しょうや》の林惣左衛門《はやしそうざえもん》に、なんとか引《ひ》き負《お》いをたすけてほしいと頼《たの》んだが、まえにもおなじことがあったのでだめだと、どうしても応《おう》じてくれない。

ついに十蔵《じゅうぞう》は、すこしばかり持《も》っていた畑《はたけ》や家《いえ》や、わずかの財産《ざいさん》を売《う》り払《はら》い、引責《いんせき》を弁償《べんしょう》して無一文《むいちもん》となり、妻《つま》と子《こ》をのこし、ひとりで隣《とな》りの長門国《ながとのくに》に出《で》た。

利助《りすけ》が六歳《さい》の時《とき》である。

毛利氏《もうりし》三十六万《まん》九千石《せんごく》の城下町《じょうかまち》は、長門国《ながとのくに》の「萩《はぎ》」にある。長門国《ながとのくに》の「長《ちょう》」をとって長《ちょう》州藩《しゅうはん》という。萩《はぎ》はその当時《とうじ》、藩内最大《はんないさいだい》の都市《とし》で、およそ十万人《まんにん》の士農工商各階層《しのうこうしょうかくかいそう》の人々《ひとびと》が暮《く》らしていた。萩《はぎ》の城下町《じょうかまち》に出《で》て行《い》けば、どこかの侍屋敷《さむらいやしき》で雇《やと》ってもらえる。都会《とかい》とはそんなところだ。

十蔵《じゅうぞう》が願《ねが》ったとおり、すぐに傭《やと》い主《ぬし》が見《み》つかった。萩藩《はぎはん》（長州《ちょうしゅう》の本藩《ほんぱん》）の足軽《あしがる》・永井武《ながいぶ》兵衛《へえ》の中間《ちゅうげん》として住《す》みこむことになった。

ここでも十蔵《じゅうぞう》のはたらきは主人《しゅじん》の認《みと》めるところで、信用《しんよう》されただけでなく、まもなく、永井家《ながいけ》を出《で》て伊藤姓《いとうせい》を名《な》のり独立《どくりつ》した武兵衛《ぶへえ》は、十蔵《じゅうぞう》を養子《ようし》に迎《むか》えた。十蔵《じゅうぞう》は、ここで萩藩《はぎはん》の足軽伊藤家《あしがるいとうけ》を継《つ》いだのである。足軽《あしがる》は正規《せいき》の藩士《はんし》ではない。武士《ぶし》に準《じゅん》ずる身分《みぶん》で、農民《のうみん》には許《ゆる》されない苗字《みょうじ》も使《つか》えるし、大刀《だいとう》・小刀《しょうとう》を腰《こし》に差《さ》したサムライのすがたも許《ゆる》される。

十蔵《じゅうぞう》は束荷村《つかりむら》から家族《かぞく》を呼《よ》びよせた。利助《りすけ》があこがれたサムライ階級《かいきゅう》に、小《ちい》さく一歩《いっぽ》を踏《ふ》み出《だ》す城下《じょうか》での生活《せいかつ》がはじまった。

嘉永《かえい》六（一八五三）年《ねん》一月《がつ》、十三歳《さい》の利助《りすけ》は萩城《はぎじょう》での新年連歌会《しんねんれんがかい》の小使《こづか》いとして召《め》し出《だ》された。これが藩《はん》の仕事《しごと》についた最初《さいしょ》の時《とき》である。足軽《あしがる》・伊藤十蔵《いとうじゅうぞう》の子《こ》で利発《りはつ》な少年《しょうねん》がいるということが、一部《いちぶ》の人々《ひとびと》のあいだに知《し》られ、そのつとめがまわってきたのだった。

そのころ利助《りすけ》は、久保五郎左衛門《くぼごろうざえもん》の塾《じゅく》で、漢文《かんぶん》を習《なら》っていたが、塾生《じゅくせい》七、八十人《にん》のなかでいつも番頭《ばんとう》のひとりになっていた。番頭《ばんとう》というのは、成績順《せいせきじゅん》で上《うえ》から五人《にん》までの塾生《じゅくせい》のことをいった。利助《りすけ》は書道《しょどう》にもすぐれ、五郎左衛門《ごろうざえもん》から「伊文成《いぶんせい》」の号《ごう》まであたえられたほどだった。

ちなみにペリー艦隊《かんたい》がやってきたのは、利助《りすけ》がはじめてお城《しろ》に出仕《しゅつし》した嘉永《かえい》六年夏《ねんなつ》のことである。日本《にほん》が鎖国《さこく》の扉《とびら》をむりやり開《ひら》かされた年《とし》である。

その年《とし》の干支《えと》は、癸丑《きちゅう》（みずのとうし）なので、「癸丑以来《きちゅういらい》」という言葉《ことば》がよく使《つか》われた。開国《かいこく》した日本《にほん》の社会状況《しゃかいじょうきょう》が目《め》に見《み》えてかわりはじめたことをいったのだ。日本《にほん》の近代《きんだい》化《か》が始動《しどう》した歴史《れきし》のエポックを、当時《とうじ》の人々《ひとびと》は敏感《びんかん》に悟《さと》ったのだろう。

それは同時《どうじ》に、激動《げきどう》の時代《じだい》のはじまりでもあった。

上昇志向《じょうしょうしこう》を胸《むね》いっぱい吸《す》いこんだ伊藤利助《いとうりすけ》が、幕末《ばくまつ》の風雲《ふううん》にのって、おどり出《で》る舞台《ぶたい》は、まだ先《さき》のことだが、そんなに遠《とお》い未来《みらい》のことでもなかった。

松下村塾《しょうかそんじゅく》

長州藩《ちょうしゅうはん》の藩校明倫館《はんこうめいりんかん》の教授《きょうじゅ》だった吉田松陰《よしだしょういん》が、ペリー艦隊《かんたい》の軍艦《ぐんかん》に潜入《せんにゅう》して、アメリカやヨーロッパに密航《みっこう》しようとしたのは、安政元《あんせいがん》(一八五四)年《ねん》三月《がつ》である。

密航《みっこう》に失敗《しっぱい》した松陰《しょういん》は、幕府《ばくふ》に捕《と》らえられ、江戸《えど》の牢屋《ろうや》にいれられたのち、郷里《きょうり》の萩《はぎ》に送《おく》り返《かえ》された。

そのころの長州藩《ちょうしゅうはん》は、藩政改革《はんせいかいかく》によって力《ちから》をやしない、薩摩藩《さつまはん》とともに西南雄藩《せいなんゆうはん》といわれるまでの実力《じつりょく》をつけていた。しかし幕府《ばくふ》の開国《かいこく》によって荒《あ》れつづける中央政局《ちゅうおうせいきょく》を傍観《ぼうかん》するばかりか、幕府《ばくふ》の顔色《かおいろ》をうかがう卑屈《ひくつ》な態度《たいど》をとる田舎大名《いなかだいみょう》でしかなかった。

国事犯《こくじはん》(国家《こっか》の法《ほう》を犯《おか》した者《もの》)として捕《と》らえられた松陰《しょういん》が送《おく》り返《かえ》されてくると、藩《はん》はあわてて、ただちに野山獄《のやまごく》に投《な》げこんだ。

約《やく》一年後《ねんご》、松陰《しょういん》は仮釈放《かりしゃくほう》されて父親《ちちおや》・杉百合之助《すぎゆりのすけ》の家《いえ》の座敷牢《ざしきろう》にはいった。高《たか》い学識《がくしき》をもつ松陰《しょういん》は、家族《かぞく》や近所《きんじょ》の人々《ひとびと》に学問《がくもん》を教《おし》えることになる。これが松下村塾《しょうかそんじゅく》に発展《はってん》するのである。

松陰《しょういん》の知識《ちしき》はひろく、欧米《おうべい》の歴史《れきし》からナポレオン皇帝《こうてい》の存在《そんざい》までも知《し》っていた。日本国《にほんこく》内《ない》では長崎《ながさき》から青森《あおもり》の竜飛崎《たっぴざき》までを踏査《とうさ》し、全国各地《ぜんこくかくち》の学者《がくしゃ》と交流《こうりゅう》した。藩校明倫館《はんこうめいりんかん》の元《もと》兵学教授《へいがくきょうじゅ》という、経歴《けいれき》をはるかに超《こ》える広範《こうはん》な学識《がくしき》をたくわえた人物《じんぶつ》となって、ふるさとに帰《かえ》ってきたのだ。萩城下《はぎじょうか》の人々《ひとびと》は、当代第一級《とうだいだいいっきゅう》の知識人《ちしきじん》に師事《しじ》する絶好《ぜっこう》の機会《きかい》にめぐまれたことになる。

しかし松陰《しょういん》を罪人《つみびと》とみる藩政府《はんせいふ》の姿勢《しせい》を察《さっ》した城下《じょうか》の人々《ひとびと》は、松陰《しょういん》に非難《ひなん》の視線《しせん》をむけ、松下村塾開講《しょうかそんじゅくかいこう》と知《し》っても、子《こ》どもが松陰《しょういん》に近《ちか》づくことを許《ゆる》さない親《おや》が多《おお》かった。

松陰《しょういん》は身分《みぶん》を問《と》わず、入塾《にゅうじゅく》を希望《きぼう》する人《ひと》はだれでも迎《むか》えいれた。藩校《はんこう》には武士《ぶし》の子《こ》どもしか入学《にゅうがく》できないのだ。いかに向学心《こうがくしん》に燃《も》えていても、農民《のうみん》や商人《しょうにん》の子《こ》は官立《かんりつ》の学校《がっこう》から締《し》め出《だ》された。武士階級《ぶしかいきゅう》に付属《ふぞく》する足軽《あしがる》や中間《ちゅうげん》の家《いえ》の子《こ》どもも、入学資格《にゅうがくしかく》をあたえられなかった。

サムライ社会《しゃかい》から差別《さべつ》され、勉学《べんがく》の機会《きかい》から遠《とお》ざけられていた城下《じょうか》の若者《わかもの》たちは、松下《しょうか》村塾《そんじゅく》の開講《かいこう》に強《つよ》い関心《かんしん》をむけたが、それでも藩政府《はんせいふ》ににらまれるのを恐《おそ》れる親《おや》がいる。その反面《はんめん》、すすんで一族《いちぞく》の者《もの》を松陰《しょういん》の弟子《でし》にさせた人々《ひとびと》もすくなくはなかった。伊藤家《いとうけ》も、そうだった。

「父《とう》さん、おれは松下村塾《しょうかそんじゅく》に行《い》きたい」

利助《りすけ》がいうと、父《ちち》の十蔵《じゅうぞう》はふたつ返事《へんじ》でそれを許《ゆる》し、

「吉田松陰《よしだしょういん》という人《ひと》は、立派《りっぱ》な学者《がくしゃ》だと聞《き》いている。国法《こくほう》を犯《おか》した人《ひと》と嫌《きら》う者《もの》もいるが、いまの時代《じだい》にあわない、なにかの考《かんが》えあってのことにちがいない。あの先生《せんせい》についてしっかり勉強《べんきょう》するがよい」と、わが子《こ》をはげました。

はじめ松下村塾《しょうかそんじゅく》は、藩《はん》の認可《にんか》を得《え》ずに開講《かいこう》したので、松陰《しょういん》の父《ちち》・杉百合之助《すぎゆりのすけ》は、あらためて藩政府《はんせいふ》に許可願《きょかねが》いを出《だ》した。

「おとなしく講義《こうぎ》するだけならよい」

と、藩《はん》は松下村塾《しょうかそんじゅく》を承認《しょうにん》した。

松陰《しょういん》を慕《した》ってくる若者《わかもの》たちはしだいに多《おお》くなり、安政《あんせい》四(一八五七)年《ねん》から翌年《よくねん》にかけ、松下村塾《しょうかそんじゅく》は最盛期《さいせいき》をむかえる。そのころになると、足軽《あしがる》や中間《ちゅうげん》の子《こ》ばかりでなく、れっきとしたサムライの家《いえ》の子《こ》どもも松下村塾《しょうかそんじゅく》にやってきた。

高杉晋作《たかすぎしんさく》のように藩校明倫館《はんこうめいりんかん》の勉強《べんきょう》がおもしろくないといって、藩校《はんこう》を勝手《かって》に休《やす》み、親《おや》の目《め》をぬすんで松下村塾《しょうかそんじゅく》に通《かよ》ってくる二百石取《ひゃっこくど》りの家《いえ》の子《こ》もいた。

国事犯《こくじはん》への警戒心《けいかいしん》という地域社会《ちいきしゃかい》の風圧《ふうあつ》のなかで、すばらしい人物《じんぶつ》を育《そだ》てて世《よ》に送《おく》り出《だ》し、後世《こうせい》〝ナゾの私塾《しじゅく》〟などと呼《よ》ばれる松下村塾《しょうかそんじゅく》とは、なんだったのだろう。

そのナゾを解《と》くカギはいろいろある。まずなんといっても松陰《しょういん》という人物《じんぶつ》の魅力《みりょく》と感化《かんか》力《りょく》だろう。感化力《かんかりょく》とは、自分《じぶん》の考《かんが》え方《かた》を相手《あいて》に理解《りかい》させ、さらにおなじ世界観《せかいかん》に相手《あいて》をひきいれる力《ちから》である。

松下村塾《しょうかそんじゅく》にはあらゆる階層《かいそう》の若者《わかもの》があつまってきた。封建社会《ほうけんしゃかい》では、藩士《はんし》と足軽《あしがる》が友《とも》だちとしてつきあうことなど決《けっ》して許《ゆる》されなかった。しかし松下村塾《しょうかそんじゅく》では、生《う》まれついた家《いえ》の身分《みぶん》を無視《むし》するという、当時《とうじ》では例《れい》のないやり方《かた》で勉学活動《べんがくかつどう》がはじまり、城下《じょうか》の人々《ひとびと》をおどろかせた。

塾生同士《じゅくせいどうし》が平等《びょうどう》な立場《たちば》、みんな友《とも》だちとして交《まじ》わり、松陰《しょういん》自身《じしん》が塾生《じゅくせい》たちのことを「諸《しょ》友《ゆう》」と呼《よ》んだ。弟子《でし》ではなく友《とも》として、人間《にんげん》として尊敬《そんけい》し合《あ》い、親《した》しみながら学習《がくしゅう》にはげんだのである。

周旋家《しゅうせんか》　伊藤博文《いとうひろぶみ》

松下村塾《しょうかそんじゅく》で学《まな》ぶ若者《わかもの》は、身分制度《みぶんせいど》の枠《わく》をとりはらった自由《じゆう》な空気《くうき》のなかで、松陰《しょういん》の話《はなし》に耳《みみ》をかたむけた。

松陰《しょういん》は、次《つぎ》のようなこともいった。

「お金《かね》に余裕《よゆう》のある家《いえ》の子《こ》の多《おお》くは、江戸《えど》に出《で》て行《い》く。諸君《しょくん》のなかにも江戸《えど》に出《で》たいと望《のぞ》み、田舎《いなか》にくすぶっている自分《じぶん》を、なさけないと思《おも》っている者《もの》がいるかもしれない。しかしいま、われわれが暮《く》らしているここが、世界《せかい》の中心《ちゅうしん》だと信《しん》じよう。ここでがんばろうではないか。そうすれば、やがて天下《てんか》を奮発振動《ふんぱつしんどう》する人材《じんざい》は、かならず萩《はぎ》からあらわれるだろう」

中国《ちゅうごく》の人《ひと》は大昔《おおむかし》から、中華思想《ちゅうかしそう》というものを抱《いだ》いていた。中華思想《ちゅうかしそう》とは、文化《ぶんか》の進《すす》んだ自分《じぶん》たちが世界《せかい》の中心《ちゅうしん》という考《かんが》え方《かた》だ。

松陰《しょういん》は、

「わたしたちも誇《ほこ》り高《たか》い中華思想《ちゅうかしそう》を持《も》って、ここに文化《ぶんか》をきずいていこう。わたしに、ついてきなさい」

と、若者《わかもの》を勇気《ゆうき》づけたのだった。

利助《りすけ》はわくわくする気持《きも》ちで、松陰《しょういん》のその言葉《ことば》を聞《き》いた。

「おれは学問《がくもん》して、サムライになってやる」

「そうか利助《りすけ》はサムライになりたいか」

「なりたい」

「まあ、しっかりやれ」

冷《ひ》やかすような口《くち》ぶりでいったのは、塾生《じゅくせい》のなかでも、とくに身分《みぶん》の高《たか》い家《いえ》の子《こ》の高杉《たかすぎ》晋作《しんさく》である。彼《かれ》は足軽《あしがる》や商人《しょうにん》の子《こ》が、気軽《きがる》に話《はな》しかけてくる松下村塾《しょうかそんじゅく》の雰囲気《ふんいき》がどうも気《き》にくわない。

「対等《たいとう》に交《まじ》わるように」

という松陰《しょういん》の教《おし》えに従《したが》って、だれよりも活発《かっぱつ》にそれを実行《じっこう》する伊藤利助《いとうりすけ》に腹《はら》を立《た》てていた。松陰《しょういん》の感化《かんか》で、しだいに性格《せいかく》を是正《ぜせい》していくのだが、このころの晋作《しんさく》は、わがままで気位《きぐらい》が高《たか》く、傲慢《ごうまん》な若者《わかもの》だった。

「しかしサムライは剣術《けんじゅつ》もやらねばならんぞ」

と、晋作《しんさく》が利助《りすけ》にいう。

「ああ、剣術《けんじゅつ》もやりたい」

「教《おし》えてやろう」

「高杉《たかすぎ》さん、ひとつ、お手《て》あわせ願《ねが》おうかのう」

安政《あんせい》四(一八五七)年《ねん》十二月《がつ》はじめ、晴《は》れた日《ひ》の午後《ごご》である。利助《りすけ》は竹刀《しない》を構《かま》えていった。

試合《しあい》をいどんでいるようにも見《み》えた。

晋作《しんさく》は低《ひく》い声《こえ》で答《こた》えた。

「望《のぞ》みとあれば、相手《あいて》しよう」

「ありがたい」

利助《りすけ》は、面《めん》・籠手《こて》などの防具《ぼうぐ》をふたぞろえ持《も》ち出《だ》してきた。村塾《そんじゅく》の庭《にわ》で、時《とき》には塾生《じゅくせい》たちが剣術《けんじゅつ》の稽古《けいこ》をすることを、松陰《しょういん》は許《ゆる》していたのである。

「僕《ぼく》は不要《ふよう》だ。おまえはつけるがよい」

晋作《しんさく》は、竹刀《しない》だけをとり、右手《みぎて》で二、三度素振《どすぶ》りをくれて、利助《りすけ》が防具《ぼうぐ》を身《み》につけるのを、傲然《ごうぜん》と待《ま》っている。

体格《たいかく》は利助《りすけ》のほうがすぐれているのに、そのような晋作《しんさく》はふしぎに大《おお》きな男《おとこ》に思《おも》えた。

「高杉《たかすぎ》と利助《りすけ》が試合《しあい》をするぞ」

だれかが大声《おおごえ》でいったので、久坂玄瑞《くさかげんずい》や吉田栄太郎《よしだえいたろう》、中谷正亮《なかたにしょうすけ》ら数人《すうにん》が見物《けんぶつ》にあつまった。

「利助《りすけ》の剣先《けんさき》が、すこしでも僕《ぼく》のからだのどこかにでもふれたら、勝《か》ちとしてやろう」

と、晋作《しんさく》は笑《わら》いながらいった。松下村塾《しょうかそんじゅく》では、松陰《しょういん》に習《なら》って自分《じぶん》のことを「僕《ぼく》」といった。

サムライ言葉《ことば》では「拙者《せっしゃ》」とか「それがし」という。庶民《しょみん》の一人称《いちにんしょう》もいろいろだ。「わたくしめ」「やつがれ」「てまえ」など、へりくだった声《こえ》で使《つか》う。松陰《しょういん》は古代中国《こだいちゅうごく》の本《ほん》にある「僕《ぼく》」という一人称《いちにんしょう》が気《き》にいって、それをいいはじめた。

僕《ぼく》とは人《ひと》に仕《つか》える「しもべ」の意味《いみ》で、謙遜《けんそん》の意味《いみ》で相手《あいて》にいうのだが、「拙者《せっしゃ》」などより新《あたら》しい感《かん》じがする。松陰《しょういん》がいいはじめた「僕《ぼく》」を真似《まね》て、塾生《じゅくせい》が使《つか》った。封建《ほうけん》の身分制《みぶんせい》を否定《ひてい》する松下村塾《しょうかそんじゅく》には、自分《じぶん》を「僕《ぼく》」といい、相手《あいて》を「君《きみ》」と呼《よ》ぶ言葉《ことば》の響《ひび》きが、ふしぎにふさわしく思《おも》えた。

「僕《ぼく》」は、それ以後《いご》江戸《えど》、京都《きょうと》など各地《かくち》に散《ち》っていった松下村塾《しょうかそんじゅく》の塾生《じゅくせい》たちによってひろまった。封建社会《ほうけんしゃかい》を脱《だつ》した次《つぎ》の時代《じだい》を生《い》きる若者《わかもの》の、新《あたら》しい人格《じんかく》を表現《ひょうげん》する人称《にんしょう》として、うけいれられたのである。

明治《めいじ》にはいってからは、文明開化《ぶんめいかいか》の波《なみ》にのって、全国《ぜんこく》に普及《ふきゅう》し、現在《げんざい》にいたっている。その源流《げんりゅう》は松下村塾《しょうかそんじゅく》である。

さて、高杉晋作《たかすぎしんさく》と伊藤利助《いとうりすけ》の立《た》ち合《あ》いがはじまっている。

「どこからでも、かかってまいれ」

晋作《しんさく》にうながされ、頷《うなず》くと利助《りすけ》はいきなり打《う》ちかかった。面具《めんぐ》にかくれて、表情《ひょうじょう》はよく見《み》えないが、竹刀《しない》をふりかざす勢《いきお》いには、怒《いか》りがこもっているようだった。

「どっこい、どっこい」

武者《むしゃ》ぶりつく利助《りすけ》を、晋作《しんさく》は軽《かる》くあしらった。竹刀《しない》の先《さき》にふりまわされていた利助《りすけ》は、そのうちに足払《あしばら》いをかけられて土《つち》の上《うえ》にもんどり打《う》って転《ころ》がった。

彼《かれ》はすぐさま起《お》きあがり、執拗《しつよう》にかかって行《い》く。ふらふらになりながら、なおも体《たい》あたりで突進《とっしん》するのである。

あしらっていた晋作《しんさく》が、ようやく大上段《だいじょうだん》から利助《りすけ》の頭部《とうぶ》にふりおろしたのは、多少《たしょう》あつかいかねてきたからであった。ぼこっという鈍《にぶ》い音《おと》が響《ひび》いた。防具《ぼうぐ》はつけているが、見事《みごと》に決《き》まると、かなりな打撃《だげき》となる。二度《ど》三度《ど》と痛打《つうだ》を浴《あ》びせられ、利助《りすけ》は呆然《ぼうぜん》と、そこへ立《た》ちすくんでしまった。

「やめよう」

と、晋作《しんさく》は竹刀《しない》をひいた。

「もう一本《いっぽん》!」

利助《りすけ》が叫《さけ》ぶ。

その直後《ちょくご》、鋭《するど》くのびてきた晋作《しんさく》の竹刀《しない》に「突《つ》き」をいれられた利助《りすけ》は、一間《いっけん》ばかりも、うしろに吹《ふ》っ飛《と》んで転倒《てんとう》した。

「利助《りすけ》、だいじょうぶか」

久坂玄瑞《くさかげんずい》が走《はし》りよって、たすけ起《お》こそうとするとその手《て》をはらいのけて起《お》きあがり、片《かた》手《て》で面具《めんぐ》を脱《ぬ》ぎながら、

「参《まい》りました。しかし、おもしろかったのう。そのうち、またお手合《てあ》わせ願《ねが》いたい」

と、無理《むり》に笑顔《えがお》をつくっている。

「ついでに教《おし》えてやるが、お手合《てあ》わせなどというのではない。一手《いって》ご教授《きょうじゅ》にあずかりたいと申《もう》すのだ」

「わかりました」

はじめて利助《りすけ》は顔《かお》をしかめた。

「久坂《くさか》、おぬし一本《いっぽん》どうだ」

そこに立《た》っている玄瑞《げんずい》に、晋作《しんさく》は残忍《ざんにん》な薄笑《うすわら》いを浮《う》かべながらいった。

「よかろう、有備館《ゆうびかん》（藩校《はんこう》の武道場《ぶどうじょう》）の暴《あば》れ武者《むしゃ》から一手《いって》ご教授《きょうじゅ》にあずかろうか」

仕方《しかた》なく玄瑞《げんずい》は頷《うなず》いて、利助《りすけ》の持《も》っていた竹刀《しない》をうけとった。

玄瑞《げんずい》は医者《いしゃ》の子《こ》だから剣術《けんじゅつ》はやっていないが、学問《がくもん》や詩文《しぶん》においては、晋作《しんさく》よりすぐれている。「君《きみ》はまだ玄瑞《げんずい》におよばない」と、松陰《しょういん》は、けしかけるようなことを晋作《しんさく》にいった。晋作《しんさく》は内心《ないしん》いまいましく思《おも》っていた相手《あいて》と、偶然立《ぐうぜんた》ち合《あ》う機会《きかい》をつかんだのである。

——この大男《おおおとこ》、たたきのめしてやる。

晋作《しんさく》は、とっさにそんなことを考《かんが》えている。

「面《めん》・籠手《こて》をつけるがよい」

晋作《しんさく》はうながした。

「君《きみ》がそのすがたなら、僕《ぼく》も防具《ぼうぐ》は不要《ふよう》だ」

「さようか、遠慮《えんりょ》はせんぞ」

「こちらもそのつもりだ」

玄瑞《げんずい》は微笑《びしょう》していった。

いつのまにか松陰《しょういん》の妹《いもうと》の文《ふみ》までが出《で》てきて、満開《まんかい》の花《はな》をつけた桜《さくら》の木《き》の下《した》でむかい合《あ》う晋作《しんさく》と玄瑞《げんずい》を、不安《ふあん》そうに見守《みまも》っている。のちに玄瑞《げんずい》の妻《つま》になる人《ひと》だ。

玄瑞《げんずい》は青眼《せいがん》に構《かま》え、耳《みみ》をつんざくほどの声《こえ》を発《はっ》しながら、一歩二歩《いっぽにほ》と前進《ぜんしん》してきた。

晋作《しんさく》は下段《げだん》にとってそれを迎《むか》えようとしたが、ふと困惑《こんわく》の色《いろ》を浮《う》かべた。玄瑞《げんずい》は必殺《ひっさつ》の双手突《もろてづ》きに出《で》ようとしているのだ。つまり相打《あいう》ち覚悟《かくご》の捨《す》て身《み》の戦法《せんぽう》である。

打《う》ちかかってくれば、払《はら》いのけるが、相手《あいて》がその巨体《きょたい》ごと猛烈《もうれつ》な勢《いきお》いをつけて激突《げきとつ》してくると、簡単《かんたん》にはいかない。そうなればこちらも相打《あいう》ち覚悟《かくご》で、ぶつかっていくしかない。そして、たがいに傷《きず》つく結果《けっか》となるのを避《さ》けられない。

玄瑞《げんずい》が一歩《いっぽ》踏《ふ》み出《だ》すと、晋作《しんさく》は一歩《いっぽ》後退《こうたい》し、地面《じめん》の凹凸《おうとつ》を足裏《あしうら》でまさぐりながら、左《ひだり》へ左《ひだり》へと円《えん》をえがいて移動《いどう》した。

まるで決闘《けっとう》のような緊迫《きんぱく》した空気《くうき》がたちこめ、塾生《じゅくせい》たちは息《いき》を殺《ころ》して、遠《とお》くからふたりをとりまいている。

「それまで！」と、甲高《かんだか》い制止《せいし》の声《こえ》が響《ひび》いたのは、晋作《しんさく》の円運動《えんうんどう》がとまったときである。

それは玄瑞《げんずい》がからだを丸《まる》めて地《ち》を蹴《け》ろうとする瞬間《しゅんかん》でもあった。

声《こえ》は講義室《こうぎしつ》のほうからしたので、立《た》ち合《あ》っていたふたりも、とりまきの者《もの》たちも、いっせいにふりかえった。

松陰《しょういん》が敷居《しきい》ぎわに立《た》って、みんなをにらんでいる。そのけわしい表情《ひょうじょう》に射《い》すくめられながらも、ほっとした気配《けはい》がただよった。そのまま松陰《しょういん》は自室《じしつ》にひきあげて行《い》く。

「負《ま》けた。やはり高杉《たかすぎ》にはかなわないよ」

「いや、相打《あいう》ちだった。恐《おそ》ろしかったぞ」

晋作《しんさく》は謙遜《けんそん》しながら、はじめて利助《りすけ》にむかっていった。

「まだ痛《いた》むか」

めずらしく、やさしい声《こえ》である。

「頭《あたま》をどやされたので、痛《いた》みもするが、これで頭脳明晰《ずのうめいせき》になったかもしれん」

利助《りすけ》がおどける。

晋作《しんさく》と玄瑞《げんずい》の立《た》ち合《あ》いがはじまるとすぐ、松陰《しょういん》を呼《よ》びに行《い》ったのは利助《りすけ》だった。こういう時《とき》の機転《きてん》がきくのも彼《かれ》である。

「勝負《しょうぶ》をつけたかったのう」

残念《ざんねん》そうにいう、しわがれ声《ごえ》がして、富永有隣《とみながゆうりん》が、のっそりと庭《にわ》におりてきた。

「だれが呼《よ》びに行《い》ったのだ。利助《りすけ》だな、いらぬことをする奴《やつ》だ。めったには見《み》られん試合《しあい》だったのにな」

富永有隣《とみながゆうりん》は三十八歳《さい》だが、いつも気難《きむずか》しく眉《まゆ》のあたりに老人《ろうじん》のようなシワをよせている。なかなかの学者《がくしゃ》であり書家《しょか》でもあったが、偏屈《へんくつ》でとげとげしい振《ふ》る舞《ま》いのため野山獄《のやまごく》に投《な》げこまれていた。おなじ囚人《しゅうじん》だった松陰《しょういん》は、有隣《ゆうりん》の才能《さいのう》を認《みと》めて出獄運動《しゅつごくうんどう》をしてやり、出《で》てきた彼《かれ》を松下村塾《しょうかそんじゅく》の客分講師《きゃくぶんこうし》として招《まね》いた。

いまはおとなしくしているが、塾生《じゅくせい》たちを小僧《こぞう》あつかいする態度《たいど》はなおらない。藩士《はんし》の身分《みぶん》を鼻《はな》にかけて、威張《いば》っているのだ。

そんな有隣《ゆうりん》に対《たい》しても、利助《りすけ》はものおじしない。

「富永《とみなが》さん、わるく思《おも》わんでください。殺気《さっき》がみなぎっちょったから、あのままつづけたら、ただではすまんですよ」

「ええじゃないか。男《おとこ》の対決《たいけつ》とはそんなものだ」

「また有隣先生《ゆうりんせんせい》の冗談《じょうだん》、冗談《じょうだん》……」

うまく茶化《ちゃか》して、利助《りすけ》はどこかに行《い》ってしまう。

「あの小僧《こぞう》、こんどは僕《ぼく》が剣術《けんじゅつ》を教《おし》えて、たたきのめしてやる、ワハハハ……」

あとは、なごやかないつもの松下村塾《しょうかそんじゅく》である。

「利助《りすけ》は将来《しょうらい》、周旋家《しゅうせんか》になるだろう」

松陰《しょういん》はそう予言《よげん》した。周旋家《しゅうせんか》、つまり政治家的《せいじかてき》な利助《りすけ》の資質《ししつ》を見《み》ぬいていたのである。

京都探索《きょうとたんさく》

松下村塾《しょうかそんじゅく》には「飛耳長目録《ひじちょうもくろく》」というものがあった。江戸《えど》から帰《かえ》ってきた藩士《はんし》から聞《き》いた話《はなし》、諸国《しょこく》をまわってきた商人《しょうにん》そのほか、松陰《しょういん》のもとにあつまる情報《じょうほう》を書《か》きつづったもので、いわば、塾内新聞《じゅくないしんぶん》である。国内《こくない》のうごきや外国《がいこく》との条約交渉《じょうやくこうしょう》の経過《けいか》などあらゆる情報《じょうほう》が、日々《ひび》書《か》きくわえられた。

「耳《みみ》をとばし目《め》を長《なが》くして、できるだけ多《おお》くの情報《じょうほう》を入手《にゅうしゅ》し、将来《しょうらい》への見《み》とおし、行動計画《こうどうけいかく》を立《た》てなければならない」

と、松陰《しょういん》は塾生《じゅくせい》たちに情報《じょうほう》の必要性《ひつようせい》を説《と》いた。

松陰自身《しょういんじしん》、自由《じゆう》なところはよく旅行《りょこう》している。通信機関《つうしんきかん》の未発達《みはったつ》なこの時代《じだい》、山陰《さんいん》の一隅《いちぐう》にすわっていたのでは、情報《じょうほう》は得《え》られない。自分《じぶん》で出《で》かけてあつめるしかなかったのである。時勢《じせい》のうごきをつかみ、行動《こうどう》を決定《けってい》するために必要《ひつよう》な情報収拾《じょうほうしゅうしゅう》は、切実《せつじつ》な課題《かだい》だった。

激変《げきへん》する政情《せいじょう》に対応《たいおう》しながら言論活動《げんろんかつどう》していた松陰《しょういん》は、だれよりも、痛感《つうかん》していたのだろう。

自由《じゆう》をうしなった松陰《しょういん》にかわって、それをやったのは松下村塾《しょうかそんじゅく》の塾生《じゅくせい》たちである。彼《かれ》らは松陰《しょういん》の分身《ぶんしん》として、長崎《ながさき》へ京都《きょうと》、江戸《えど》へと飛《と》ぶのである。松下村塾《しょうかそんじゅく》の塾生《じゅくせい》は、一時期《いちじき》あたかも情報忍者《じょうほうにんじゃ》となって、松陰《しょういん》の目《め》となり耳《みみ》となってうごいたのだ。

飛耳長目《ひじちょうもく》は松下村塾《しょうかそんじゅく》のモットーだったが、塾生《じゅくせい》に対《たい》してだけでなく、藩政府《はんせいふ》にも情報《じょうほう》について進言《しんげん》している。

安政《あんせい》五（一八五八）年《ねん》七月《がつ》ごろ、「幕府《ばくふ》は天皇《てんのう》を京都《きょうと》から彦根城《ひこねじょう》へ幽閉《ゆうへい》しようと計画《けいかく》している」という、うわさがひろがった。これはたいへんなことである。松陰《しょういん》はさっそく藩政《はんせい》府《ふ》に、そのうわさの真偽《しんぎ》をたしかめる「探索者《たんさくしゃ》」を京都《きょうと》に派遣《はけん》したらどうかと進言《しんげん》した。

しかし同時《どうじ》に京都《きょうと》にいる門弟《もんてい》の中谷正亮《なかたにしょうすけ》に送《おく》った手紙《てがみ》には、

「彦根《ひこね》のうわさは、どうやらウソのようだ。いずれ探索《たんさく》の者《もの》が行《い》けば、はっきりするだろう」

と、書《か》いている。つまり松陰《しょういん》は天皇《てんのう》の彦根城幽閉《ひこねじょうゆうへい》は、事実無根《じじつむこん》のうわさにすぎないことを知《し》りながら、「はやく京都《きょうと》に人《ひと》をやって調《しら》べる必要《ひつよう》がある」と、わざと大騒《おおさわ》ぎしたのである。

そして、京都《きょうと》に派遣《はけん》する若者《わかもの》を推薦《すいせん》し、そのなかに松下村塾《しょうかそんじゅく》の塾生《じゅくせい》の名《な》をあげているのだった。身分《みぶん》が低《ひく》くて、藩《はん》の仕事《しごと》につけないでいる門下生《もんかせい》たちにチャンスをあたえようとする松陰《しょういん》の策略《さくりゃく》なのだ。

このとき選《えら》ばれて京都《きょうと》にむかったのは、まず伊《い》藤利《とうり》助《すけ》である。さらに杉山松助《すぎやましょうすけ》、伊《い》藤伝《とうでん》之輔《のすけ》・山県小輔《やまがたしょうすけ》ら総勢《そうぜい》六人《にん》、みんな足軽《あしがる》・中間《ちゅうげん》というめぐまれない境遇《きょうぐう》の若者《わかもの》だった。

松陰《しょういん》は京都《きょうと》にむけて出発《しゅっぱつ》する六人《にん》に、次《つぎ》のような激励《げきれい》の辞《じ》を送《おく》っている。

往《ゆ》け六人《にん》。君《きみ》らは藩《はん》のつまらぬ役人《やくにん》によって奴僕《ぬぼく》（しもべ）のようにこき使《つか》われているが、それをはね返《かえ》す機会《きかい》はいまだ。

天皇《てんのう》の京都幽閉《きょうとゆうへい》は単《たん》なるうわさにすぎないかもしれないが、現在《げんざい》の京都《きょうと》を中心《ちゅうしん》とする政治状況《せいじじょうきょう》を徹底的《てっていてき》に調《しら》べて、見事《みごと》な報告書《ほうこくしょ》をつくれ。この時《とき》こそ聡明《そうめい》な行動力《こうどうりょく》を発揮《はっき》して、実力《じつりょく》を見《み》せてやることだ。

山県小輔《やまがたしょうすけ》は、のちに日本陸軍《にほんりくぐん》の創始者《そうししゃ》とされる山県有朋《やまがたありとも》である。京都探索《きょうとたんさく》から萩《はぎ》に帰《かえ》り、伊《い》藤利《とうり》助《すけ》より二年遅《ねんおく》れて、その年《とし》九月《がつ》に松下村塾生《しょうかそんじゅくせい》となる。

杉山松助《すぎやましょうすけ》は、五年後《ねんご》に京都《きょうと》の池田屋《いけだや》で新選組《しんせんぐみ》に襲《おそ》われて討死《うちじに》した人《ひと》として知《し》られている。

だれも松陰《しょういん》が仕《し》かけた京都探索《きょうとたんさく》を契機《けいき》として、活動《かつどう》の場《ば》をあたえられ、世《よ》に出《で》ることができた。そして松陰《しょういん》の死後《しご》は、志士《しし》として活躍《かつやく》するのである。

松陰《しょういん》 処刑《しょけい》

安政《あんせい》五(一八五八)年《ねん》四月《がつ》、井伊直弼《いいなおすけ》が大老《たいろう》に就任《しゅうにん》してから、幕府《ばくふ》の言論弾圧《げんろんだんあつ》が吹《ふ》き荒《あ》れた。

幕政《ばくせい》を批判《ひはん》する学者《がくしゃ》たちが、次々《つぎつぎ》と捕《と》らえられ、処刑《しょけい》された安政《あんせい》の大獄《たいごく》は、松陰《しょういん》の身《み》にもふりかかってきた。松下村塾《しょうかそんじゅく》で若者《わかもの》たちを指導《しどう》するかたわら、松陰《しょういん》は幕府《ばくふ》を批判《ひはん》する著書《ちょしょ》をあらわすなど反幕《はんばく》の言動《げんどう》があったことを、幕府《ばくふ》に知《し》られたからである。

その年《とし》五月《がつ》二十五日《にち》、評定所《ひょうじょうしょ》からの召還命令《しょうかんめいれい》で、松陰《しょういん》は江戸《えど》にむけて旅立《たびだ》った。松陰《しょういん》は、すでに死《し》を覚悟《かくご》していた。

翌安政《よくあんせい》六(一八五九)年《ねん》十月《がつ》二十七日《にち》、松陰《しょういん》は安政《あんせい》の大獄最後《たいごくさいご》の犠牲者《ぎせいしゃ》として処刑《しょけい》され、三十歳《さい》で生涯《しょうがい》をとじた。

幕府《ばくふ》の首斬《くびき》り役人《やくにん》として有名《ゆうめい》な山田浅右衛門《やまだあさえもん》は、

「吉田松陰《よしだしょういん》という人《ひと》は、堂々《どうどう》として、じつに立派《りっぱ》な最期《さいご》だった」

と、語《かた》っている。

処刑《しょけい》の前日《ぜんじつ》、松陰《しょういん》は門下生《もんかせい》に宛《あ》てて、『留魂録《りゅうこんろく》』という遺書《いしょ》を伝馬町《てんまちょう》の牢屋《ろうや》のなかで書《か》いた。

身《み》はたとひ
武蔵《むさし》の野辺《のべ》に
朽《く》ちぬとも
留《とど》め置《お》かまし
大和 魂《やまとだましい》

その辞世《じせい》とともに、門下生《もんかせい》たちへの別《わか》れの言葉《ことば》を、整然《せいぜん》とつづった。

人間《にんげん》はどのように生《い》きたらよいのか。死《し》とはなんだろうか。まかれた種《たね》が芽《め》を出《だ》し、花《はな》を咲《さ》かせ、実《み》をみのらせて、それがまた植《う》えられて、新《あたら》しい芽《め》をふく。

春夏秋冬《しゅんかしゅうとう》を循環《じゅんかん》する植物《しょくぶつ》にたとえて、人間《にんげん》の魂《たましい》の永久不変《えいきゅうふへん》を語《かた》る死生観《しせいかん》も、『留魂録《りゅうこんろく》』で述《の》べられている。死刑《しけい》を翌日《よくじつ》にひかえて、心《こころ》のみだれはなく、およそ五千字《せんじ》にのぼる、『留《りゅう》魂録《こんろく》』は、未来《みらい》の新《あたら》しい光《ひかり》をもとめて走《はし》りつづけた人《ひと》の魂《たましい》の輝《かがや》きに満《み》ちている。

「僕《ぼく》がのこす一粒《ひとつぶ》の種子《しゅし》を、単《たん》なるモミガラにしたくない。そのためには君《きみ》たちが僕《ぼく》の遺《い》志《し》をついでくれることだ」

松陰《しょういん》は切々《せつせつ》と訴《うった》えている。日本人《にほんじん》が書《か》いた最高《さいこう》の遺書《いしょ》ともいうべき『留魂録《りゅうこんろく》』は、門下《もんか》生《せい》を勇気《ゆうき》づけ、明日《あす》をめざす若者《わかもの》の胸《むね》に、希望《きぼう》の灯《ひ》をともした。それは幕府《ばくふ》に反抗《はんこう》して活《かつ》動《どう》する志士《しし》たちの聖書《せいしょ》ともいわれるほどの力《ちから》をもって読《よ》みつがれていった。

そのころ松陰《しょういん》の弟子《でし》伊藤利助《いとうりすけ》は、高杉晋作《たかすぎしんさく》らと行動《こうどう》をともにしていたが、松陰《しょういん》の『留魂《りゅうこん》録《ろく》』を読《よ》んで、さらに奮《ふる》い立《た》った。誠実《せいじつ》な松陰《しょういん》の人柄《ひとがら》にふれて成長《せいちょう》した松下村塾《しょうかそんじゅく》出身《しゅっしん》の若《わか》者《もの》たちは、恩師《おんし》の処刑《しょけい》を怒《いか》り、悲《かな》しみ、そして覚悟《かくご》も新《あら》たに松陰《しょういん》の遺志《いし》を継《つ》ぎ、松陰《しょういん》の憂《ゆう》国《こく》の志《こころざし》をうけ継《つ》ぐことを、みんなで誓《ちか》いあった。

第二章
疾風怒濤

俊輔《しゅんすけ》登場《とうじょう》

井伊《いい》直弼《なおすけ》が強行《きょうこう》した安政《あんせい》の大獄《たいごく》は、
幕府《ばくふ》の権力《けんりょく》を温存《おんぞん》する目的《もくてき》以外《いがい》のなにものでもなかった。
まずはペリー来航《らいこう》以来《いらい》
幕府《ばくふ》がおしすすめた開国政策《かいこくせいさく》に反対《はんたい》する者《もの》への弾圧《だんあつ》だった。
つまりは幕政《ばくせい》を批判《ひはん》する者《もの》を許《ゆる》さない流血《りゅうけつ》の言論弾圧《げんろんだんあつ》である。

そればかりではない。
将軍《しょうぐん》の座《ざ》をめぐる幕府《ばくふ》の権力闘争《けんりょくとうそう》もからんでいる。

井伊直弼《いいなおすけ》がかつぐ南紀派《なんきは》（紀伊《きい》）と一橋派《ひとつばしは》の争《あらそ》いは、
幕政改革《ばくせいかいかく》をめぐる対立《たいりつ》であった。
幕府《ばくふ》の独裁制《どくさいせい》をあらため、
有力《ゆうりょく》外様大名《とざまだいみょう》にも幕政《ばくせい》に参画《さんかく》の道《みち》をひらき、
改革《かいかく》をすすめようとする一橋派《ひとつばしは》と、
幕府《ばくふ》の独裁《どくさい》を守《まも》ろうとする南紀派《なんきは》の争《あらそ》いである。
結局《けっきょく》、南紀派《なんきは》の井伊直弼《いいなおすけ》が勝利《しょうり》して、
第《だい》十四代将軍《だいしょうぐん》 徳川家茂《とくがわいえもち》の時代《じだい》となる。
元来《がんらい》、病弱《びょうじゃく》な家茂《いえもち》は、
徳川幕府《とくがわばくふ》が終末期《しゅうまつき》をむかえて最大《さいだい》の苦難《くなん》にあえぐ時《とき》、
そしてまた日本国《にほんこく》そのものが、
欧米列強《おうべいれっきょう》の外圧《がいあつ》にとりまかれ、

疾風怒濤《しっぷうどとう》のなかに立《た》たされた試練《しれん》の時《とき》、
将軍《しょうぐん》という大任《たいにん》を背負《せお》わされたのだった。

井伊直弼《いいなおすけ》は政敵《せいてき》がふたたび立《た》ちあがれないように、
報復《ほうふく》の弾圧《だんあつ》で追《お》い打《う》ちした。
水戸《みと》の徳川斉昭《とくがわなりあき》
越前《えちぜん》の松平慶永《まつだいらよしなが》
薩摩《さつま》の島津斉彬《しまづなりあきら》
といった身分《みぶん》の高《たか》い人々《ひとびと》まで罰《ばっ》したため、
その家臣《かしん》たちの怒《いか》りが爆発《ばくはつ》した。
水戸脱藩《みとだっぱん》の浪士《ろうし》に薩摩《さつま》の浪士《ろうし》もまじる暗殺団《あんさつだん》は、
万延元《まんえんがん》（一八六〇）年《ねん》三月三日《がつみっか》大雪《おおゆき》の朝《あさ》、

江戸城桜田門外《えどじょうさくらだもんがい》に、
登城《とじょう》する井伊直弼《いいなおすけ》を襲《おそ》った。
絶大《ぜつだい》な権力《けんりょく》をふるった井伊大老《いいたいろう》が、
凶刃《きょうじん》にたおれたあと、
政局《せいきょく》は暗転《あんてん》した。

テロリズムが政情《せいじょう》をうごかした
非常《ひじょう》にめずらしい例《れい》である。

松陰《しょういん》が刑場《けいじょう》で散《ち》った時《とき》、
門下生《もんかせい》たちの多《おお》くは、
まだ志士《しし》といわれる存在《そんざい》にまでは育《そだ》っていなかった。
彼《かれ》らが松陰《しょういん》の遺志《いし》をついで、

にわかに立《た》ちあがるまでには、
わずかに空白《くうはく》の時間《じかん》がある。
それが文久年間《ぶんきゅうねんかん》だった。
万延元年《まんえんがんねん》から文久《ぶんきゅう》がはじまる。
文久《ぶんきゅう》という年《とし》は、
一八六一年《ねん》から一八六三年《ねん》まで約《やく》三年《ねん》つづいた。
それは井伊直弼《いいなおすけ》の暗殺《あんさつ》を皮切《かわき》りに、
ようやく幕末騒乱《ばくまつそうらん》の様相《ようそう》が高《たか》まり、
幕府権力《ばくふけんりょく》と反幕勢力《はんばくせいりょく》の均衡《きんこう》がやぶれて、
幕末《ばくまつ》の動乱《どうらん》が幕《まく》をあける時《とき》だった。

吉田松陰《よしだしょういん》は時代《じだい》をさきがけ、

殉職《じゅんしょく》となることによって、
同志《どうし》である門下《もんか》への遺訓《いくん》を確実《かくじつ》のものとした。
伊藤俊輔《いとうしゅんすけ》が松下村塾《しょうかそんじゅく》グループのひとりとして、
維新史《いしんし》に登場《とうじょう》するのも、
文久年間《ぶんきゅうねんかん》にはいってからである。

十三人《にん》の志士《しし》

文久《ぶんきゅう》二(一八六二)年《ねん》が暮《く》れようとしている。

膚《はだ》を刺《さ》す冷気《れいき》をふくんだ夜風《よかぜ》に吹《ふ》かれながら、鼻唄《はなうた》まじりの酔《よ》った足《あし》どりの高杉晋作《たかすぎしんさく》と肩《かた》をならべて、伊藤俊輔《いとうしゅんすけ》は江戸《えど》の町《まち》を歩《ある》いている。品川御殿山《しながわごてんやま》のこんもりと盛《も》りあがった黒《くろ》い影《かげ》の下《した》を通《とお》りかかった。

「あれがイギリス公使館《こうしかん》ですか」

「そうだ。できたばかりの異人《いじん》の館《やかた》だ。あれを焼《や》くぞ」

晋作《しんさく》が酒臭《さけくさ》い息《いき》をはきながら、俊輔《しゅんすけ》にささやいた。

淡《あわ》い月光《げっこう》に照《て》らされた異人館《いじんかん》の尖《とが》った屋根《やね》が、丘《おか》の上《うえ》にそびえている。

二棟《とう》の建物《たてもの》だが、近《ちか》づいて見《み》ればふたつの屋根《やね》をつきあわせた一棟《いっとう》の大《おお》きな二階建《かいだ》てだとわかる。材木《ざいもく》は贅沢《ぜいたく》に使用《しよう》され、床《ゆか》をうるし塗《ぬ》りにした部屋《へや》は、どれも宮殿《きゅうでん》のように豪《ごう》華《か》だという。

本館《ほんかん》のうしろにある平屋建《ひらやだ》ては、日本係書記官《ジャパニーズ・セクレタリー》の官舎《かんしゃ》で、南側《みなみがわ》には四十頭《じっとう》の馬《うま》をいれる厩舎《きゅうしゃ》が建《た》ちならぶ。その二階《かい》はイギリス人護衛兵《じんごえいへい》の宿舎《しゅくしゃ》になっているが、まだ引《ひ》き渡《わた》しがすんでいないので、いまは無人《むじん》の館《やかた》である。

御殿山《ごてんやま》は、現在《げんざい》の品川区北品川《しながわくきたしながわ》三丁目《ちょうめ》から四丁目《ちょうめ》にかけた高台《たかだい》である。三代将軍《だいしょうぐん》家光《いえみつ》が江戸《えど》にはいる諸国《しょこく》の大名《だいみょう》を迎《むか》える御殿《ごてん》が昔《むかし》ここにあった。幕府《ばくふ》の権力《けんりょく》が確立《かくりつ》されると、将《しょう》軍《ぐん》がわざわざ出迎《でむか》えるようなことはしなくなった。やがて桜《さくら》が植《う》えられ、品川《しながわ》の千本桜《せんぼんざくら》と呼《よ》ばれる名所《めいしょ》になって庶民《しょみん》も花見《はなみ》を楽《たの》しんだ。

ペリー来航後《らいこうご》、海側《うみがわ》に台場《だいば》（砲台《ほうだい》）を築《きず》いたので一部《いちぶ》はけずりとられている。現代《げんだい》でもこのあとを「お台場《だいば》」と呼《よ》ぶのである。

イギリス公使館《こうしかん》が建《た》てられたので、江戸《えど》の人《ひと》は御殿山《ごてんやま》に近《ちか》よれなくなった。それをくやしがる声《こえ》も出《で》ているから、異人館《いじんかん》が焼《や》き打《う》ちされたと知《し》ったら溜飲《りゅういん》をさげる江戸《えど》っ子《こ》も多《おお》いはずである。そんなことも晋作《しんさく》は計算《けいさん》にいれている。

「イギリス人《じん》も腹《はら》を立《た》てるだろうが、幕府《ばくふ》こそ、怒《いか》り心頭《しんとう》に発《はっ》するじゃろう。そこが狙《ねら》いだ」

「よし、やろう」

きわだって外国嫌《がいこくぎら》いの久坂玄瑞《くさかげんずい》も焼《や》き打《う》ちに賛成《さんせい》した。

「信用《しんよう》できる同志《どうし》をあつめよう」

「僕《ぼく》は今日《きょう》から品川《しながわ》の土蔵相模《どぞうさがみ》という宿《やど》にいる。仲間《なかま》になる連中《れんちゅう》を送《おく》りこんでくれ。まだ目的《もくてき》は打《う》ち明《あ》けないほうがよい。高杉《たかすぎ》が酒《さけ》をふるまうということにでもしておくか」

「承知《しょうち》した。さそうのは十人《にん》ぐらいでよいだろう」

「まかせる」

晋作《しんさく》はその日《ひ》の夕刻《ゆうこく》、ふらりといった格好《かっこう》で土蔵相模《どぞうさがみ》に行《い》く。

まず、井上聞多《いのうえもんた》がのっそりあらわれた。藩士《はんし》だが松下村塾《しょうかそんじゅく》とは関係《かんけい》がない。江戸詰《えどづ》めとなってから、久坂玄瑞《くさかげんずい》、伊藤俊輔《いとうしゅんすけ》らとのつきあいがはじまり、共鳴《きょうめい》して行動《こうどう》をともにするようになった。

次々《つぎつぎ》に同志《どうし》がやってくる。結局《けっきょく》あつまったのは十三人《にん》である。

高杉晋作《たかすぎしんさく》　二十四歳《さい》
久坂玄瑞《くさかげんずい》　二十三歳《さい》
伊藤俊輔《いとうしゅんすけ》　二十二歳《さい》

有吉熊次《ありよしくまじ》郎《ろう》　二十一歳《さい》
大和弥《やまとや》八郎《はちろう》　二十八歳《さい》
長嶺内蔵《ながみねくら》太《た》　二十七歳《さい》
井上聞多《いのうえもんた》　二十八歳《さい》
白井《しらい》小《こ》輔《すけ》　三十七歳《さい》
赤根《あかね》武人《たけと》　二十四歳《さい》
福原乙之《ふくはらおとの》進《しん》　二十六歳《さい》
堀真五《ほりしんご》郎《ろう》　二十五歳《さい》
山尾《やまお》庸三《ようぞう》　二十六歳《さい》
瓜生慎蔵《うりゅうしんぞう》　二十一歳《さい》

公使《こうし》館炎上《かんえんじょう》

文久《ぶんきゅう》二年《ねん》十二月《がつ》十二日《にち》の朝《あさ》、

「今夜《こんや》、決行《けっこう》するぞ。よいな」

晋作《しんさく》は、みんなをあつめていった。

「飲《の》み疲《つか》れ、遊《あそ》び疲《つか》れて、もう思《おも》いのこすことはない。のう俊輔《しゅんすけ》」

井上聞多《いのうえもんた》が寝不足《ねぶそく》な目《め》をこすり、ついでに大欠伸《おおあくび》しながら、そばにいる伊藤俊輔《いとうしゅんすけ》に話《はな》しかけている。

「この店《みせ》の払《はら》いは、ちゃんとすませておこう」

久坂玄瑞《くさかげんずい》が懐《ふところ》から財布《さいふ》を出《だ》して逆《さか》さにふった。二分銀《にぶぎん》と一文銭《いちもんせん》がばらばらと畳《たたみ》の上《うえ》におちた。

一同《いちどう》がそれにならったが、俊輔《しゅんすけ》などは三十文《じゅうもん》そこそこしか持《も》っていない。

「聞多《もんた》さん、僕《ぼく》の分《ぶん》を頼《たの》むぞ」

と、井上《いのうえ》の財布《さいふ》を覗《のぞ》きこんだ。

「他人《たにん》の懐《ふところ》をあてに、おれ以上《いじょう》に飲《の》み食《く》いしやがって、ひどい野郎《やろう》だ」

「持《も》てる奴《やつ》が持《も》たざる者《もの》にほどこすのが、この世《よ》のきまりだ」

俊輔《しゅんすけ》が、屈託《くったく》のない笑《わら》い声《ごえ》をあげる。このふたりは、気《き》が合《あ》うのか、いつもこんな調子《ちょうし》だった。聞多《もんた》は二百石《ひゃっこく》どりの上士《じょうし》の家《いえ》に生《う》まれた、れっきとした藩士《はんし》だが、俊輔《しゅんすけ》は足軽《あしがる》の子《こ》である。普通《ふつう》なら直接《ちょくせつ》ものもいえない身分《みぶん》のへだたりがあるのに、友達《ともだち》のように対等《たいとう》につきあっている。

俊輔《しゅんすけ》は松下村塾《しょうかそんじゅく》で、吉田松陰《よしだしょういん》からそのように教育《きょういく》された。聞多《もんた》は村塾《そんじゅく》とは無関係《むかんけい》だが、俊輔《しゅんすけ》のそんな態度《たいど》を許《ゆる》しているのだった。これも人柄《ひとがら》というものだろうが、ここにいる者《もの》は、みな大《だい》なり小《しょう》なりそうした雰囲気《ふんいき》のなかで交《まじ》わった。

危険《きけん》な行動《こうどう》に身《み》を投《とう》じる志士《しし》が、たがいの身分《みぶん》などにこだわってなどいられないのだ。同志的結合《どうしてきけつごう》とは、横《よこ》の人間関係《にんげんかんけい》、つまり友情《ゆうじょう》にささえられた連帯《れんたい》の世界《せかい》である。松陰《しょういん》は、それを教《おし》えた。

ここでは晋作《しんさく》だけが、ちょっとちがっていた。彼《かれ》は、自分《じぶん》が毛利譜代《もうりふだい》の武士《ぶし》であることを至上《しじょう》の誇《ほこ》りとしていた。親《した》しげに近《ちか》づいてくる伊藤俊輔《いとうしゅんすけ》とも気《き》さくにつきあいながら、

「おれは武士《ぶし》なのだ」という自意識《じいしき》だけは持《も》ちつづけた。

やや横柄《おうへい》に見《み》えるのは、だれに対《たい》してもそうで、相手《あいて》をことさら侮蔑《ぶべつ》しているわけではない。とっつきにくい性格《せいかく》だが、どことなく憎《にく》めない。それでみんなついてくる。

「聞多《もんた》、みんなの持《も》ち金《がね》を勘定《かんじょう》してみろ」

と、晋作《しんさく》が命令口調《めいれいくちょう》でいった。

「払《はら》いはしめて三十両《りょう》だが、これはだめだ。小銭《こぜに》までいれて、せいぜい八両足《りょうた》らず」

「借《か》りておけ」

と、白井小助《しらいこすけ》がいった。俊輔《しゅんすけ》とおなじく無一文《むいちもん》のくせに豪遊《ごうゆう》したひとりだ。

「そうはいくまい。遊《あそ》びの代金《だいきん》を借《か》りたまま死《し》んだら、食《く》いつめの長州人《ちょうしゅうじん》が自暴自棄《じぼうじき》で公使館《こうしかん》に火《ひ》をつけたと笑《わら》われるぞよ。夕方《ゆうがた》までに工面《くめん》しよう」

「あてはあるのか」

聞多《もんた》が、晋作《しんさく》にたずねた。

「あるにはあるが、どうしてもだめなときにしたい。ひとまず手分《てわ》けしてひねり出《だ》すしかない」

「よし、おれにまかせろ」

「だいじょうぶか」

「三十両《りょう》くらいならどうにでもなるじゃろう」

「どこで借《か》りる」

「借《か》りるのではない。もらってくるのだ」

「盗《ぬす》むのかね、聞多《もんた》さん」

俊輔《しゅんすけ》が頓狂《とんきょう》な声《こえ》を出《だ》した。

「人《ひと》ぎきのわるいことをいうな。藩邸《はんてい》の床下《ゆかした》に小判《こばん》は唸《うな》っちょるではないか、ちゃんと申《もう》しうけてくる」

井上聞多《いのうえもんた》は、明治《めいじ》になって馨《かおる》と改名《かいめい》し外務大臣《がいむだいじん》、大蔵大臣《おおくらだいじん》などをつとめた。外務大臣《がいむだいじん》のとき、幕府《ばくふ》がむすんだ不平等条約改正《ふびょうどうじょうやくかいせい》に意欲《いよく》を燃《も》やした。外国使臣《がいこくししん》を招《まね》いた派手《はで》な夜会《やかい》で知《し》られる「鹿鳴館外交《ろくめいかんがいこう》」は国内《こくない》の不評《ふひょう》をあびて、井上《いのうえ》は失脚《しっきゃく》した。

理財《りざい》（資金《しきん》を有利《ゆうり》に運用《うんよう》すること）の才《さい》にたけているといわれた井上《いのうえ》の談話《だんわ》をあつめた『明治財政史談《めいじざいせいしだん》』という本《ほん》ものこしている。

このときも聞多《もんた》は、百両《ひゃくりょう》の大金《たいきん》を持《も》って、夕刻《ゆうこく》、意気揚々《いきようよう》と土蔵相模《どぞうさがみ》にもどってきた。

聞多《もんた》は、かねて藩政府《はんせいふ》に洋行《ようこう》の願《ねが》いを出《だ》していた。イギリスに海軍修行《かいぐんしゅぎょう》に行《い》きたいというのである。洋行《ようこう》とはいえ、密航《みっこう》なのだが、横浜《よこはま》の外国商人《がいこくしょうにん》に頼《たの》めば、まず上海《シャンハイ》までなら簡単《かんたん》に船《ふね》にもぐりこませて送《おく》ってくれる。上海《シャンハイ》から欧州航路《おうしゅうこうろ》の郵船《ゆうせん》に乗《の》りかえるのである。

「じつは、藩《はん》から許《ゆる》しが出《で》たのだ。おれと長嶺《ながみね》と大和《やまと》の三人《にん》が行《い》くことになり、わずか百両《ひゃくりょう》の支度金《したくきん》をもらっていたのだが、これまで新橋《しんばし》の料亭《りょうてい》にためた飲《の》み代《しろ》の借金《しゃっきん》など払《はら》ったら、のうなってしまった。ことのついでに穴埋《あなう》めしてやろうと思《おも》ったのだ」

俊輔《しゅんすけ》がおどろいた声《こえ》をあげた。

「英国《えいこく》に行《い》くのか」

「行《い》くぞ」

と、聞多《もんた》は胸《むね》を張《は》った。

「僕《ぼく》もさそってもらいたかった。英国《えいこく》なら行《い》ってみたい」

と、晋作《しんさく》がいう。「僕《ぼく》もだ」と俊輔《しゅんすけ》もそばで頷《うなず》く。

「晋作《しんさく》は上海《シャンハイ》に行《い》ったではないか。こんどはおれたちの番《ばん》だよ」

「まあ、その話《はなし》はあとのことにしよう。焼《や》き打《う》ちのほうが先《さき》だ」

と、晋作《しんさく》がうちきった。

「焼《や》き打《う》ちに失敗《しっぱい》して捕《つか》まるか、殺《ころ》されればそれまでだ。うまく逃《に》げ出《だ》すつもりではおるが、そのときは口《くち》をぬぐってロンドンに行《い》く。のう、長嶺《ながみね》、大和《やまと》」

聞多《もんた》がふたりをふり返《かえ》っていう。

「おまえらの公使館《こうしかん》を焼《や》いてやったぞと思《おも》っていれば、気《き》おくれせずに彼《かれ》らとつきあえるだろう」

と、長嶺《ながみね》が答《こた》えた。

「その意気《いき》、その意気《いき》」

そばから伊藤俊輔《いとうしゅんすけ》が、ややさみしげな声《こえ》でいった。井上《いのうえ》・長嶺《ながみね》・大和《やまと》はいずれも藩士《はんし》である。藩政府《はんせいふ》がからんだこういうことになると、身分《みぶん》の低《ひく》い俊輔《しゅんすけ》は、仲間《なかま》にいれてもらえない。悲哀《ひあい》を感《かん》じているのだった。

「俊輔《しゅんすけ》、嘆《なげ》くな。おぬしのことも願《ねが》い出《で》てやる」

「そんな話《はなし》はあとにせい」

もう一度《いちど》、晋作《しんさく》がいった。

支払《しはら》いをすませたあと、二人《ふたり》、三人《にん》に別《わか》れて、御殿山《ごてんやま》にむかう。小雪《こゆき》まじりの夜風《よかぜ》に頬《ほお》を撫《な》でられて、俊輔《しゅんすけ》は思《おも》わずぶるっと身震《みぶる》いした。十三夜《じゅうさんや》に一日《にち》足《た》りない月《つき》が、薄《うす》い雲《くも》にさえぎられて、ぼんやり浮《う》かんでいる。

「これで柵《さく》を切《き》れ」

と、晋作《しんさく》はいつのまにか用意《ようい》していた鋸《のこぎり》を、俊輔《しゅんすけ》に渡《わた》した。昼《ひる》のうちに買《か》ってきて、土蔵《どぞう》相模《さがみ》の天水桶《てんすいおけ》のなかにかくしていたものだ。

俊輔《しゅんすけ》が柵《さく》の一本《いっぽん》を切《き》りはじめた。ひどい音《おと》がする。やがて人《ひと》がぬけられるほどの穴《あな》ができた。十三人《にん》が難《なん》なく敷地内《しきちない》にはいったところで、館《やかた》の表側《おもてがわ》から提灯《ちょうちん》が近《ちか》づいてきた。先《せん》頭《とう》にいた晋作《しんさく》が、抜刀《ばっとう》して待《ま》ち構《かま》えた。五、六人《にん》がやってくる。

「何者《なにもの》だ」

叫《さけ》びながら提灯《ちょうちん》をかざした役人《やくにん》のひとりに、晋作《しんさく》はいきなり斬《き》りつけた。あわてて、とりおとした提灯《ちょうちん》がぼっと燃《も》えあがる。

「たたっ斬《き》るぞ」

白井小助《しらいこすけ》が飛《と》び出《だ》して威嚇《いかく》した。つづいて斬《き》り伏《ふ》せ役《やく》の久《く》坂玄瑞《さかげんずい》、有吉熊次郎《ありよしくまじろう》らが抜刀《ばっとう》して構《かま》えた。相手《あいて》も手《て》に手《て》に刀《かたな》を抜《ぬ》いたが、かなわないと知《し》ってすぐに逃《に》げ出《だ》した。

「いまだ。外《そと》はわれわれが守《まも》る。火《ひ》をつけてこい」

晋作《しんさく》の命令《めいれい》で、聞多《もんた》・俊輔《しゅんすけ》・福原乙之進《ふくはらおとのしん》が家《いえ》のなかに侵入《しんにゅう》する。しばらくして窓《まど》が赤《あか》くなり、煙《けむり》のなかから火付《ひつ》け役《やく》の三人《にん》がのっそりと出《で》てきた。

「退散《たいさん》するか」

晋作《しんさく》は一同《いちどう》をうながして柵《さく》の穴《あな》を潜《もぐ》りぬけ、濠《ごう》の底《そこ》から這《は》い登《のぼ》ってうしろをふり返《かえ》った。

さきほどまで赤味《あかみ》を帯《お》びていた窓《まど》が、また暗《くら》くなっている。

「消《き》えたか」

聞多《もんた》がつぶやいて、ひき返《かえ》して行《い》く。俊輔《しゅんすけ》がそれを追《お》う。

「あいつらを守《まも》ってやろう」

晋作《しんさく》と玄瑞《げんずい》がふたたび柵《さく》の穴《あな》をくぐり、入口《いりぐち》をかためた。役人《やくにん》は応援《おうえん》をもとめているのか、すがたをあらわさない。

「こんどは、だいじょうぶ」

と、聞多《もんた》と俊輔《しゅんすけ》が出《で》てきた。

「逃《に》げるぞ、急《いそ》げ！」

一同《いちどう》が御殿山《ごてんやま》をおりたころには、はやくも野次馬《やじうま》があつまりはじめていた。そのなかにまじって丘《おか》の上《うえ》の異人館《いじんかん》が火《ひ》につつまれる光景《こうけい》に、彼《かれ》らはじっと目《め》をそそいだ。

巨大《きょだい》な火柱《ひばしら》が、凍《い》てついた夜空《よぞら》を舐《な》めている。炎《ほのお》は凄《すさ》まじい勢《いきお》いで垂直《すいちょく》に噴《ふ》きあげるかと思《おも》うと、風《かぜ》にあおられ、うねりを打《う》ちながら、鮮《あざ》やかな色《いろ》に上空《じょうくう》を染《そ》めた。

イギリス公使館《こうしかん》を焼《や》き打《う》ちしたという、ひとつの猛々《たけだけ》しい記憶《きおく》をわけあった十三人《にん》は、この日以後《ひいご》、さまざまな方向《ほうこう》を選《えら》んで、散《ち》って行《い》ったのだ。そしてその大半《たいはん》は、まるで死《し》に急《いそ》ぐかのような疾走《しっそう》の足跡《そくせき》をのこして、途上《とじょう》に果《は》てた。

文久《ぶんきゅう》二年《ねん》十二月《がつ》十二日《にち》は、苦悩《くのう》する幕末日本《ばくまつにほん》に生《う》まれた彼《かれ》らの痛《いた》ましい青春《せいしゅん》の出発点《しゅっぱつてん》でもあった。

松陰《しょういん》の骨《ほね》

公使館《こうしかん》を焼《や》き打《う》ちしたのは、品川《しながわ》をうろついていた不逞《ふてい》の者《もの》どもだろうと、幕府《ばくふ》はにらんだ。土蔵相模《どぞうさがみ》に役人《やくにん》がきていろいろと調《しら》べたが、店《みせ》の者《もの》もうすうす気《き》づいていながら、なにも知《し》らないとかくしとおした。

どうも長州人《ちょうしゅうじん》くさいと当《あ》たりはつけているが、証拠《しょうこ》もなく奉行所《ぶぎょうしょ》の役人《やくにん》を藩邸《はんてい》にのりこませることはできない。イギリス側《がわ》にとっては実害《じつがい》がないので、抗議《こうぎ》されることはなく、幕府《ばくふ》もあきらめて下手人《げしゅにん》の捜査《そうさ》をうちきってしまった。

藩邸《はんてい》の重臣《じゅうしん》たちは、高杉《たかすぎ》や久坂《くさか》らがやったことには気《き》づいていたので、

「このまま江戸《えど》にいたのでは危険《きけん》だ。京都《きょうと》に行《い》くがよい」

と、一同《いちどう》をうながした。そこで久坂玄瑞《くさかげんずい》らは年《とし》が明《あ》けてすぐ、江戸《えど》を出発《しゅっぱつ》した。高杉晋作《たかすぎしんさく》は、それでもまだ居《い》のこっている。

「松陰先生《しょういんせんせい》のために、江戸《えど》でやらなければならんことがある。どうだ、いっしょにくるか」

伊藤俊輔《いとうしゅんすけ》にもちかける。

「松陰先生《しょういんせんせい》のためということなら、あとには退《ひ》けない」

と、俊輔《しゅんすけ》はすぐに応《おう》じた。そのころ彼《かれ》は、いつも晋作《しんさく》と行動《こうどう》をともにしていた。気難《きむずか》しく、とっつきにくい男《おとこ》として、晋作《しんさく》を敬遠《けいえん》する者《もの》も多《おお》かったが、俊輔《しゅんすけ》はまったく気《き》にしない。時《とき》には「高杉君《たかすぎくん》」と話《はな》しかけたりもする。松下村塾《しょうかそんじゅく》の同窓生《どうそうせい》だから、松陰《しょういん》の教《おし》えに従《したが》い対等《たいとう》の友人《ゆうじん》だと勝手《かって》に決《き》めこんでいる。はじめのうち晋作《しんさく》は、そんな俊輔《しゅんすけ》を「なまいきな奴《やつ》だ」と邪険《じゃけん》に突《つ》きはなしていたが、しだいに心《こころ》をひらいていき、いつのまにか「俊輔《しゅんすけ》、俊輔《しゅんすけ》」と親《した》しげに接《せっ》しているのだった。

気《き》やすい態度《たいど》をとりながらも、内心《ないしん》では自分《じぶん》を尊敬《そんけい》し慕《した》っている俊輔《しゅんすけ》の気持《きも》ちが伝《つた》わってきたからだ。もうすっかり同志《どうし》だった。

公使館《こうしかんや》焼き打《う》ちのあと、江戸《えど》にのこるのが危険《きけん》とわかっていても、晋作《しんさく》がなにか、たくらんでいるのなら、俊輔《しゅんすけ》は黙《だま》ってそれについていく。

——高杉《たかすぎ》となら一緒《いっしょ》に命《いのち》をかけてもよい。

俊輔《しゅんすけ》をそのような気《き》にさせるところに晋作《しんさく》の魅力《みりょく》がある。このときから二年後《ねんご》、高杉晋作《たかすぎしんさく》は、ほんとうに命《いのち》がけの行動《こうどう》をおこす。俊輔《しゅんすけ》は文字《もじ》どおり晋作《しんさく》に命《いのち》をあずけて走《はし》り出《だ》したのだった。

さて、晋作《しんさく》は江戸《えど》でなにをしようというのか。

そのころ吉田松陰《よしだしょういん》の遺体《いたい》は、刑死《けいし》した盗賊《とうぞく》とおなじあつかいで小塚原《こづかっぱら》の回向院《えこういん》の墓地《ぼち》に葬《ほうむ》られていた。

これを別《べつ》の場所《ばしょ》に改葬《かいそう》しようというのだった。前年《ぜんねん》、朝廷《ちょうてい》から安政以来《あんせいいらい》幕府《ばくふ》によって捕《と》らえられ、また処刑《しょけい》された国事《こくじ》犯《はん》の赦免《しゃめん》、改葬《かいそう》を許《ゆる》すという勅命《ちょくめい》が出《で》ていた。それも朝廷《ちょうてい》勢力《せいりょく》の高《たか》まりによるのである。

晋作《しんさく》らがその改葬《かいそう》をいい出《だ》したので、藩《はん》の重臣《じゅうしん》たちも反対《はんたい》はできなかった。

一月五日《がついっか》、晋作《しんさく》に従《したが》ったのは、伊藤俊輔《いとうしゅんすけ》・赤根武人《あかねたけと》・白井小助《しらいこすけ》・堀真五郎《ほりしんごろう》らで、いずれも公使館《こうしかん》焼《や》き打《う》ちに参加《さんか》した者《もの》たちだった。

まだ興奮《こうふん》からさめない彼《かれ》らは、荷車《にぐるま》を借《か》り出《だ》して千住《せんじゅ》の小塚原《こづかっぱら》にむかう。処刑《しょけい》されて三年《ねん》たっているので、松陰《しょういん》の遺体《いたい》は完全《かんぜん》な白骨《はっこつ》になっていた。俊輔《しゅんすけ》は自分《じぶん》の手《て》にとりあげた師《し》の遺骨《いこつ》の軽《かる》さに、衝撃《しょうげき》を覚《おぼ》えた。

松下村塾《しょうかそんじゅく》にあつまる若者《わかもの》たちの胸《むね》をうつ憂国《ゆうこく》の言葉《ことば》を吐《は》いた松陰《しょういん》が、いまは骨《ほね》となって土《つち》にまみれている。人間《にんげん》の峻烈《しゅんれつ》な魂《たましい》と命《いのち》のはかなさを、俊輔《しゅんすけ》はかみしめた。

思《おも》いはみなおなじだ。

高杉晋作《たかすぎしんさく》は、

「わが師《し》松陰《しょういん》の首《くび》は、幕府《ばくふ》の手《て》で切《き》りおとされた。これ以上《いじょう》の長州《ちょうしゅう》の恥辱《ちじょく》があろうか。仇《あだ》を打《う》たずにはおかぬ」

と、重臣《じゅうしん》の周布政之助《すふまさのすけ》に宛《あ》てて、そんな手紙《てがみ》を書《か》いたのを、あらためてきのうのことのように思《おも》い出《だ》した。

松陰《しょういん》の墓《はか》の隣《となり》には、ともに安政《あんせい》の大獄《たいごく》で処刑《しょけい》された頼三樹三郎《らいみきさぶろう》、小林民部《こばやしみんぶ》も埋葬《まいそう》されているので、それも掘《ほ》りおこして若林村《わかばやしむら》に持《も》って行《い》くことにした。

荷車《にぐるま》は数人《すうにん》の人夫《にんぷ》にひかせ、松陰《しょういん》の遺骨《いこつ》を納《おさ》めた甕《かめ》をはこぶ葬列《そうれつ》の先頭《せんとう》には、伊藤俊輔《いとうしゅんすけ》が立《た》ち、最後尾《さいこうび》を晋作《しんさく》が手槍《てやり》をかかえ、馬《うま》に乗《の》って進《すす》んだ。

やがて寛永寺《かんえいじ》門前《もんぜん》の広小路《ひろこうじ》を過《す》ぎて、そこを流《なが》れる川《かわ》にかかる橋《はし》のたもとまできた。台東区寿《たいとうくことぶき》二丁目《ちょうめ》と元浅草《もとあさくさ》四丁目《ちょうめ》をむすぶ橋《はし》を、当時《とうじ》、輿屋橋《こしやばし》、三之橋《さんのはし》、三橋《みつはし》ときには三枚橋《さんまいばし》などと呼《よ》んでいた。

三本《ぼん》の橋《はし》がかかっていたからである。真《ま》ん中《なか》の橋《はし》は、将軍《しょうぐん》が寛永寺《かんえいじ》に参詣《さんけい》するときに通《とお》るための「お留《と》め橋《ばし》」だから一般人《いっぱんじん》は両側《りょうがわ》の橋《はし》しか渡《わた》れない。

「真《ま》ん中《なか》を通《とお》れ」

と、晋作《しんさく》は馬上《ばじょう》から怒鳴《どな》った。人夫《にんぷ》たちはおどおどしながら、俊輔《しゅんすけ》の先導《せんどう》で中《なか》の橋《はし》に荷車《にぐるま》を進《すす》めた。これを見《み》た橋番《はしばん》が走《はし》ってくる。

「これ、お留《と》め橋《ばし》であるのを知《し》らぬのか」

「邪魔《じゃま》するな」

「黙《だま》れ」

押《お》し問答《もんどう》しているうちに、見物人《けんぶつにん》があつまってきた。

「よう聞《き》け。われらは先年伝馬町《せんねんてんまちょう》の獄《ごく》で斬《き》られた勤王家吉田松陰先生《きんのうかよしだしょういんせんせい》の遺骸《いがい》を改葬《かいそう》する者《もの》だ。天朝《てんちょう》の命《めい》によってこれをおこなうのである。強《し》いてとめだてするなら覚悟《かくご》があるぞ」

晋作《しんさく》が声《こえ》をはりあげて威嚇《いかく》すると、橋番《はしばん》は黙《だま》ってしまった。一行《いっこう》は悠々《ゆうゆう》と中《なか》の橋《はし》を通《とお》って行《い》く。

改葬《かいそう》の場所《ばしょ》は若林村《わかばやしむら》の大夫山《だいぶやま》で、そこは長州藩《ちょうしゅうはん》の控屋敷《ひかえやしき》の敷地内《しきちない》である。現在東京都世田谷区若林町《げんざいとうきょうとせたがやくわかばやしちょう》にある松陰神社《しょういんじんじゃ》は、晋作《しんさく》や俊輔《しゅんすけ》らがつくった松陰《しょういん》の墓地《ぼち》を明治《めいじ》になって神社《じんじゃ》に祀《まつ》ったものだ。

若林村《わかばやしむら》は、郷里《きょうり》、萩《はぎ》の郊外松本村《こうがいまつもとむら》のたたずまいに似《に》ていた。新《あたら》しい松陰《しょういん》の墓前《ぼぜん》にぬかずく彼《かれ》らには、松本村《まつもとむら》の松下村塾《しょうかそんじゅく》で、松陰《しょういん》を尊敬《そんけい》し慕《した》った日々《ひび》のことが、なつかしく思《おも》い出《だ》された。罪人《つみびと》として処刑《しょけい》された松陰《しょういん》の冤罪《えんざい》を、完全《かんぜん》に晴《は》らすということは、幕府《ばくふ》を倒《たお》すことにほかならない。

公使館《こうしかん》を焼《や》き打《う》ちし、将軍《しょうぐん》のお留《と》め橋《ばし》を強行突破《きょうこうとっぱ》して遺骨《いこつ》を改葬《かいそう》したからといって、それがなんだと地下《ちか》の松陰《しょういん》から叱《しか》られているような気《き》もした。

「高杉《たかすぎ》さん、このくらいでぼつぼつ京都《きょうと》へ行《い》こうか」

と、伊藤俊輔《いとうしゅんすけ》がいう。

「うむ。京都《きょうと》でまた、ひと暴《あば》れするか」

晋作《しんさく》がそんなことをいってニヤリと笑《わら》った。

佐久間象山《さくましょうざん》

吉田松陰《よしだしょういん》の密航《みっこう》をたすけた罪《つみ》で、郷里《きょうり》の松代《まつしろ》に江戸《えど》から送《おく》り返《かえ》された佐久間象山《さくましょうざん》は、松陰《しょういん》が処刑《しょけい》されてからも、そのまま幽閉《ゆうへい》されていた。

「松代藩《まつしろはん》はきびしすぎるのではないか」

諸藩《しょはん》からの批判《ひはん》が出《で》はじめるのは、象山《しょうざん》という人《ひと》が当時《とうじ》の日本《にほん》では最高《さいこう》の西洋知識《せいようちしき》をたくわえた学者《がくしゃ》だからである。

オランダ語《ご》をマスターし、ショメルの『百科辞書《ひゃっかじしょ》』を独力《どくりょく》で翻訳《ほんやく》した。「百科全書《ひゃっかぜんしょ》」ともいわれ、生物《せいぶつ》・物理《ぶつり》・化学《かがく》・地理学《ちりがく》・医学《いがく》などの知識《ちしき》を総合《そうごう》し、あらゆる科目《かもく》にわたる知《ち》識《しき》をあつめ、これを部門別《ぶもんべつ》あるいはアルファベット順《じゅん》などで配列《はいれつ》した書物《しょもつ》だ。今日《こんにち》の「百《ひゃっ》科事典《かじてん》」の原型《げんけい》をなすものである。

これを利用《りよう》して象山《しょうざん》はガラスの製造《せいぞう》に成功《せいこう》し、人々《ひとびと》をおどろかせた。電池《でんち》をつくって電《でん》信機《しんき》の実験《じっけん》をやるなど、ショメルの『百科辞書《ひゃっかじしょ》』によって魔法《まほう》のような西洋《せいよう》の文物《ぶんぶつ》をつくり出《だ》し、松代《まつしろ》では農民《のうみん》に馬鈴薯《ばれいしょ》を植《う》えさせ、山《やま》には紙《かみ》の原料《げんりょう》となる楮《こうぞ》の木《き》などの植林《しょくりん》、平《へい》地《ち》では養豚《ようとん》、薬草《やくそう》の栽培《さいばい》などもやらせた。

とくに象山《しょうざん》が注目《ちゅうもく》されたのは、大砲《たいほう》・小銃《しょうじゅう》など西洋《せいよう》の新《あたら》しい兵器《へいき》の製造《せいぞう》に成功《せいこう》したことだ。日本《にほん》の国防《こくぼう》が重要課題《じゅうようかだい》となってから、象山《しょうざん》の西洋知識《せいようちしき》はにわかに脚光《きゃっこう》をあびた。

吉田松陰《よしだしょういん》は象山《しょうざん》の学識《がくしき》を慕《した》い、まだ少人数《しょうにんずう》しかいなかった門弟《もんてい》となったのだが、彼《かれ》の場《ば》合《あい》は外国《がいこく》に行《い》って、直接先進文明《ちょくせつせんしんぶんめい》を学《まな》ぶべしという象山《しょうざん》の意見《いけん》に強《つよ》くひかれた。それは、松陰《しょういん》がかねてから望《のぞ》んでいたことでもあったのだ。

象山《しょうざん》にはげまされて、松陰《しょういん》は海外《かいがい》に出《で》ようとして失敗《しっぱい》し、捕《と》らわれの身《み》となってから、彼《かれ》の運命《うんめい》は意外《いがい》な方向《ほうこう》に進《すす》んだ。松下村塾《しょうかそんじゅく》で若者《わかもの》に自分《じぶん》の思想《しそう》を伝《つた》え、ついには幕府《ばくふ》を批《ひ》判《はん》して、処刑《しょけい》されてしまった。

松陰《しょういん》の遺志《いし》は、松下村塾《しょうかそんじゅく》で学《まな》んだ人々《ひとびと》がうけ継《つ》いで活発《かっぱつ》なうごきを見《み》せているのだが、その若《わか》き長州人《ちょうしゅうじん》と佐久間《さくま》象山《しょうざん》との接点《せってん》は、まず高杉晋作《たかすぎしんさく》だった。

松陰《しょういん》は愛弟子《まなでし》の晋作《しんさく》に、どうしても象山《しょうざん》を会《あ》わせたいと思《おも》って、紹介状《しょうかいじょう》を書《か》いて渡《わた》していた。

「この者《もの》は僕《ぼく》の友人《ゆうじん》です。まだ学問《がくもん》のほうは充分《じゅうぶん》といえませんが、将来期待《しょうらいきたい》される青年《せいねん》ですから、いろいろ教《おし》えてやってください」

紹介状《しょうかいじょう》には、そんなことが書《か》いてある。晋作《しんさく》がそれを持《も》って、象山《しょうざん》に会《あ》いに行《い》ったのは、松陰《しょういん》が処刑《しょけい》された翌年《よくねん》の万延元《まんえんがん》(一八六〇)年夏《ねんなつ》のことである。東北旅行《とうほくりょこう》した晋作《しんさく》は、松代《まつしろ》に幽閉中《ゆうへいちゅう》の象山《しょうざん》とひそかに会《あ》い、ヨーロッパの先進文化《せんしんぶんか》をとりいれる必要《ひつよう》があるという意見《いけん》を聞《き》いた。

その後《ご》、晋作《しんさく》は上海《シャンハイ》に渡航《とこう》し、そこで新《あたら》しい兵器《へいき》をそろえた欧米諸国《おうべいしょこく》の軍隊《ぐんたい》を見《み》て、象《しょう》山《ざん》から教《おし》えられたことを思《おも》い出《だ》した。しかし清国《しんこく》をまるで植民地《しょくみんち》のように勝手《かって》なふるまいをしている彼《かれ》らを見《み》て、

「やがて、日本《にほん》にもやってくるのではないか」

という危機感《ききかん》を抱《いだ》いた。

晋作《しんさく》の外国排撃行動《がいこくはいげきこうどう》はそれが最初《さいしょ》の最後《さいご》で、しだいに開国論《かいこくろん》にかたむいていく。そこには象山《しょうざん》の影響《えいきょう》が、はっきりあらわれている。

ロンドン密航《みっこう》

「佐《さ》久《く》間《ま》象山《しょうざん》の幽閉《ゆうへい》は長《なが》すぎるのではないか」

長州藩《ちょうしゅうはん》などによる批判《ひはん》が高《たか》まり、松代藩《まつしろはん》はようやく象山《しょうざん》の蟄居《ちっきょ》を、解除《かいじょ》せざるを得《え》なくなった。

象山《しょうざん》の赦免《しゃめん》近《ちか》しと知《し》って、あわただしくうごきはじめたのは、長州藩《ちょうしゅうはん》と土佐藩《とさはん》である。国防《こくぼう》の軍備《ぐんび》を急《いそ》いでいる両藩《りょうはん》は自由《じゆう》の身《み》となった象山《しょうざん》を招聘《しょうへい》（礼《れい》を尽《つ》くして人《ひと》を招《まね》き呼《よ》ぶこと）して指導《しどう》をうけようと思《おも》ったのである。

とくに長州藩主《ちょうしゅうはんしゅ》・毛利《もうり》敬親《たかちか》は、吉田松陰《よしだしょういん》の師《し》で西洋《せいよう》知識《ちしき》の第一人者《だいいちにんしゃ》といわれる佐《さ》久《く》間《ま》象《しょう》山《ざん》のことをよく知《し》っており、ぜひ彼《かれ》を藩《はん》に招聘《しょうへい》するようにと家臣《かしん》に命《めい》じた。

まず土佐藩《とさはん》からは山内容堂《やまのうちようどう》（前土佐藩主《ぜんとさはんしゅ》）の書状《しょじょう》をもった中岡慎太郎《なかおかしんたろう》らが象山《しょうざん》を訪《たず》ね、負《ま》けじとばかり長州藩《ちょうしゅうはん》が三人《にん》の使者《ししゃ》を松代《まつしろ》の象山《しょうざん》のもとに派遣《はけん》したのは、文久《ぶんきゅう》二年《ねん》十二月《がつ》二十七日《にち》だった。

その日《ひ》は、高杉晋作《たかすぎしんさく》ら十三人《にん》がイギリス公使館《こうしかん》を焼《や》き打《う》ちしてからわずか十五日後《にちご》である。しかも三人《にん》の使者《ししゃ》とは、山県半蔵《やまがたはんぞう》・久坂玄瑞《くさかげんずい》・福原乙之進《ふくはらおとのしん》だ。そのうち久坂《くさか》と福原《ふくはら》は、焼《や》き打《う》ちに参加《さんか》した人間《にんげん》である。

久坂《くさか》を使者《ししゃ》に選《えら》んだのは、江戸長州藩邸《えどちょうしゅうはんてい》の重臣《じゅうしん》のミステークだったかもしれない。彼《かれ》は有名《ゆうめい》な外国嫌《がいこくぎら》いで、攘夷論《じょういろん》の先頭《せんとう》に立《た》っている過激《かげき》な志士《しし》だ。いきなり象山《しょうざん》と久坂《くさか》の論争《ろんそう》となった。

攘夷《じょうい》は時代遅《じだいおく》れだ、国《くに》をひらいて先進文化《せんしんぶんか》を学《まな》び、外圧《がいあつ》にそなえなければならないという象山《しょうざん》に、久坂《くさか》が反論《はんろん》するというかたちで話《はな》し合《あ》いが進《すす》んだのだから、象山《しょうざん》が長州藩《ちょうしゅうはん》の招《まね》きをうけるはずがないのだ。

気難《きむずか》しい象山《しょうざん》だが、いま、外国《がいこく》と戦《たたか》うことは無意味《むいみ》であり、絶対《ぜったい》に勝《か》てないことを、諄々《じゅんじゅん》と説明《せつめい》し、

「長州藩《ちょうしゅうはん》のお招《まね》きはうれしいが、松代藩《まつしろはん》の改革《かいかく》でわたしが果《は》たさなければならない役割《やくわり》もあるので、赦免《しゃめん》されたあとも藩内《はんない》にのこるつもりだ」

と、やわらかく辞退《じたい》した。その意思《いし》はどうにもうごかせないとわかって、三人《にん》の使者《ししゃ》は京都《きょうと》の長州藩邸《ちょうしゅうはんてい》にもどって行《い》った。

そのとき久坂玄瑞《くさかげんずい》は報告書《ほうこくしょ》に、

「攘夷《じょうい》のことは小生《しょうせい》の考《かんが》えと合《あ》いませんが、兵制《へいせい》・兵器《へいき》のことは象山先生《しょうざんせんせい》なくしては、かなわず、まことに残念《ざんねん》です。とうぶんのあいだ、長州藩《ちょうしゅうはん》の者《もの》を松代《まつしろ》にやって、象山先生《しょうざんせんせい》に師事《しじ》し、学問《がくもん》させるしか方法《ほうほう》はないものと思《おも》われます」

と、書《か》いている。

京都《きょうと》にもどった三人《にん》は藩邸《はんてい》で待《ま》っていた人々《ひとびと》に、象山《しょうざん》とのやりとりをくわしく語《かた》った。そのことから意外《いがい》な状況《じょうきょう》がひらけていくのである。藩邸《はんてい》にはイギリス公使館《こうしかん》を焼《や》いた仲間《なかま》の井上聞多《いのうえもんた》がいたのである。

井上《いのうえ》は象山《しょうざん》の意見《いけん》に共鳴《きょうめい》した。そして「海外《かいがい》に出《で》かけて学《まな》ぶべきだ」という象山《しょうざん》の言葉《ことば》を実行《じっこう》したいという意欲《いよく》を燃《も》やしはじめた。

後年《こうねん》、井上馨《いのうえかおる》と改名《かいめい》し、明治政府《めいじせいふ》の外務大臣《がいむだいじん》、大蔵大臣《おおくらだいじん》などをつとめた井上聞多《いのうえもんた》は、

「わたくしが攘夷論《じょういろん》から開国論《かいこくろん》に移《うつ》ったのは、佐久間象山先生《さくましょうざんせんせい》の意見《いけん》に心《こころ》を洗《あら》われたからである」

と話《はな》した。

大正《たいしょう》二(一九一三)年《ねん》、長野県松代町《ながのけんまつしろまち》でもよおされた佐久間象山《さくましょうざん》五十年祭《ねんさい》に出席《しゅっせき》したとき

の井上馨《いのうえかおる》の談話《だんわ》が次《つぎ》のように記録《きろく》されている。伊藤俊輔《いとうしゅんすけ》が、ロンドンに密航《みっこう》するいきさつが、これでわかるので、読《よ》んでみよう。

思《おも》い出《だ》せば、幕末《ばくまつ》の尊王攘夷論《そんのうじょういろん》は、文久《ぶんきゅう》二年以来《ねんいらい》ますますその勢《いきお》いを高《たか》め、わたくしら同志《どうし》は、すこぶる過激《かげき》に行動《こうどう》したのです。

イギリス公使館《こうしかん》を焼《や》いたのもそのひとつで、幕府《ばくふ》から目《め》をつけられました。逮捕《たいほ》されれば死刑《しけい》になることがわかっていたので、ひとまず江戸《えど》から京都《きょうと》に逃《に》げようということになりました。

わたくしは、伊藤俊輔《いとうしゅんすけ》や大和弥八郎《やまとやはちろう》らと東海道《とうかいどう》をくだって京都《きょうと》にはいりました。山県《やまがた》半蔵《はんぞう》・久坂玄瑞《くさかげんずい》・福原乙之進《ふくはらおとのしん》らが、中山道《なかせんどう》から信州松代《しんしゅうまつしろ》に行《い》ったのは、攘夷《じょうい》の戦備《せんび》をととのえるため、佐久間象山《さくましょうざん》を長州藩《ちょうしゅうはん》に招聘《しょうへい》するという藩命《はんめい》をもらったからでした。

象山先生《しょうざんせんせい》はこれに対《たい》し、

「わが国《くに》には軍艦《ぐんかん》も、役《やく》に立《た》つ大砲《たいほう》もない。海陸《かいりく》の戦備《せんび》きわめて不完全《ふかんぜん》だから、戦争《せんそう》をはじめても勝《か》つ見《み》こみはない。目下《もっか》の急務《きゅうむ》は、武備《ぶび》を充実《じゅうじつ》することだ」

といわれる。

さらに、

「海外万国《かいがいばんこく》の情勢《じょうせい》を観察《かんさつ》すると、彼《かれ》らはたがいに有無相《うむあい》つうずる交易《こうえき》を進《すす》め、それぞれの富強《ふきょう》をはかっている。わが国《くに》だけが孤立《こりつ》して、攘夷《じょうい》を叫《さけ》ぶようなことはやめ、交流《こうりゅう》をもとめて世界《せかい》にのり出《だ》していかなければいけない」

という意見《いけん》、これはまことにもっともなことだと、わたくしは思《おも》ったのです。

山県半蔵《やまがたはんぞう》や久坂玄瑞《くさかげんずい》らの泊《と》まっている旅館《りょかん》を訪《たず》ね、よりくわしい話《はなし》を彼《かれ》らから聞《き》いて、これまでの攘夷行動《じょういこうどう》がいかにまちがっていたかを悟《さと》りました。そこで周布政之助《すふまさのすけ》をはじめ、重臣《じゅうしん》たちに「われわれを英国《えいこく》に留学《りゅうがく》させてもらいたい」と願《ねが》い出《で》たのでした。

そうして、わたくし井上聞多《いのうえもんた》、伊藤俊輔《いとうしゅんすけ》、山尾庸三《やまおようぞう》、野村弥吉《のむらやきち》、遠藤謹助《えんどうきんすけ》の五人《にん》に英国行《えいこくゆ》きの藩命《はんめい》がくだったのでした。このことはじつに象山先生《しょうざんせんせい》の意見《いけん》に共鳴《きょうめい》して実現《じつげん》したのであります。

長州《ちょうしゅう》ファイブ

井上聞多《いのうえもんた》は長州藩《ちょうしゅうはん》の世子《せいし》（藩主敬親《はんしゅたかちか》の養子《ようし》）定広《さだひろ》の小姓《こしょう》をつとめたことがある。そこで聞多《もんた》は親《した》しい定広《さだひろ》にイギリス留学《りゅうがく》の希望《きぼう》を申《もう》し出《で》た。

「英国《えいこく》に行《い》くとしても、方法《ほうほう》はあるのか」

「イギリス商人《しょうにん》に金《かね》を渡《わた》せば、万事都合《ばんじつごう》をつけてくれます」

「海外渡航《かいがいとこう》を禁《きん》ずる国法《こくほう》を破《やぶ》ることになるのだが、だいじょうぶか」

「黙《だま》って行《い》って、黙《だま》って帰《かえ》ってくればよいのです」

「相《あい》かわらず、野放図《のほうず》なことを申《もう》すやつだな。そなたはついこのまえ、イギリス公使《こうし》館《かん》を焼《や》いたであろう」

「焼《や》きました」

「それで英国《えいこく》に行《い》くのか」

「あのときの考《かんが》えはあらためました」

聞多《もんた》は佐久間象山《さくましょうざん》の開国論《かいこくろん》に感心《かんしん》して、だんぜん英国留学《えいこくりゅうがく》を思《おも》い立《た》ったことを説明《せつめい》し、熱心《ねっしん》に頼《たの》みこんだ。

「よろしい、藩公《はんこう》（藩主《はんしゅ》）には、わたくしからお願《ねが》いしよう」

こうしてまず井上聞多《いのうえもんた》、山尾庸三《やまおようぞう》、野村弥吉《のむらやきち》の三人《にん》に留学許可《りゅうがくきょか》がおりた。聞多《もんた》はほかに伊藤俊輔《いとうしゅんすけ》、遠藤謹助《えんどうきんすけ》が行《い》きたいといっているので、その二人《ふたり》をくわえ、つごう五人《にん》の許可《きょか》を得《え》て、準備《じゅんび》にとりかかった。文久《ぶんきゅう》三（一八六三）年《ねん》五月《がつ》のことである。

伊藤俊輔《いとうしゅんすけ》はその年《とし》三月《がつ》、藩政府《はんせいふ》から、

「吉田松陰《よしだしょういん》に師事《しじ》し、尊王攘夷《そんのうじょうい》の正義《せいぎ》を弁知《べんち》（道理《どうり》をわきまえる）し、心得《こころえ》がよろしいので、名字《みょうじ》を使《つか》うことを差《さ》し許《ゆる》し、準士雇《じゅんしやとい》とする」

という通達《つうたつ》をもらった。

伊藤《いとう》の姓《せい》を正式《せいしき》に晴《は》れて名《な》のることを許《ゆる》されたのである。つまり俊輔《しゅんすけ》はついに、あこがれのサムライになったのだった。

ここではまだ「準《じゅん》」がついているが、のち慶応《けいおう》三（一八六七）年《ねん》三月《がつ》には、それもとれて、れっきとした藩士《はんし》となった。

ロンドンに行《い》く五人《にん》のうち四人《にん》は藩士《はんし》で、俊輔《しゅんすけ》だけが足軽身分《あしがるみぶん》だった。表面《ひょうめん》にはあらわさなかったが、内心《ないしん》ひそかに気《き》おくれしていたのだが、ぎりぎりのところで俊輔《しゅんすけ》は名実《めいじつ》ともに対等《たいとう》の立場《たちば》を得《え》たのだった。

「俊輔《しゅんすけ》、よかったな。おまえさんは、もともと遠慮《えんりょ》などする男《おとこ》ではなかったが、これで身《み》も心《こころ》も大手《おおで》をふれるわけだ」

と、井上聞多《いのうえもんた》が肩《かた》をたたいてよろこんでくれた。

文久《ぶんきゅう》三年現在《ねんげんざい》、五人《にん》の年齢《ねんれい》は次《つぎ》のとおりである。(数《かぞ》え年《どし》)

井上聞多《いのうえもんた》(井上馨《いのうえかおる》・二十九歳《さい》)
伊藤俊輔《いとうしゅんすけ》(伊藤博文《いとうひろぶみ》・二十三歳《さい》)
山尾庸三《やまおようぞう》(二十七歳《さい》)
野村弥吉《のむらやきち》(井上勝《いのうえまさる》・二十一歳《さい》)
遠藤謹助《えんどうきんすけ》(二十八歳《さい》)

やがて重要人物《じゅうようじんぶつ》になり、明治国家《めいじこっか》のつくり手《て》として活躍《かつやく》する、この五人《にん》の若者《わかもの》のことを、「長州《ちょうしゅう》五傑《けつ》」また「長州《ちょうしゅう》ファイブ」と呼《よ》ぶ。五人《にん》のうち井上聞多《いのうえもんた》・伊藤俊輔《いとうしゅんすけ》・山尾庸三《やまおようぞう》はイギリス公使館《こうしかん》焼《や》き打《う》ちに参加《さんか》した志士《しし》である。その彼《かれ》らが違法《いほう》な密航《みっこう》を決行《けっこう》するのを、藩主《はんしゅ》が黙認《もくにん》しようというのだ。

一方《いっぽう》で攘夷《じょうい》を叫《さけ》ぶ長州藩《ちょうしゅうはん》が、他方《たほう》ではひそかに青年《せいねん》たちをヨーロッパに行《い》かせるという奇妙《きみょう》なことになった。

それも長州藩《ちょうしゅうはん》のしたたかさというものだが、じつはすでにこのころ素朴《そぼく》な攘夷思想《じょういしそう》からぬけ出《だ》していく者《もの》もすくなくなかった。とくに知識層《ちしきそう》にそうした人々《ひとびと》が多《おお》かった。高杉晋作《たかすぎしんさく》なども、はやいかわり身《み》を見《み》せて、開国論《かいこくろん》にかたむいている。

関門海峡《かんもんかいきょう》での攘夷戦《じょういせん》がはじまりそうな気配《けはい》を感《かん》じると、十年間《ねんかん》の暇願《いとまねが》い（長期休暇《ちょうききゅうか》）を出《だ》して京都《きょうと》から帰国《きこく》し、萩城下《はぎじょうか》の郊外《こうがい》に、独《ひと》りひっこんでしまった。

イギリス行《ゆ》きに、晋作《しんさく》がくわわっていないのはそのためである。かねてヨーロッパに行《い》きたがっていた晋作《しんさく》は、井上《いのうえ》や伊藤《いとう》が出発《しゅっぱつ》したことを知《し》って、くやしがった。のちにヨーロッパ行《ゆ》きをくわだてるが、ついに果《は》たせず、四年後《ねんご》に死《し》んでいる。

さて、留学《りゅうがく》の許可《きょか》はおりたが、あとは学資金《がくしきん》の問題《もんだい》がある。藩《はん》からは藩主《はんしゅ》の手許金《てもときん》（機密費《きみつひ》）から六百両《ろっぴゃくりょう》が支給《しきゅう》されただけだ。あとの金《かね》をどこから工面《くめん》するかである。密航《みっこう》や留学《りゅうがく》の世話《せわ》をしてくれる英国《えいこく》の商社《しょうしゃ》ジャーディン・マゼソン商会《しょうかい》にたずねると、渡航費《とこうひ》をふくめ三年間《ねんかん》の滞在《たいざい》として、ひとり千両《せんりょう》、合計《ごうけい》五千両《せんりょう》は必要《ひつよう》だという。

現在《げんざい》の貨幣価値《かへいかち》になおすとどうなるだろう。正確《せいかく》な計算《けいさん》ではないが、一両《りょう》を約《やく》十万円《まんえん》として、およそ五億円近《おくえんちか》い巨額《きょがく》となる。横浜《よこはま》の英国領事《えいこくりょうじ》ガワルは、そのような大金《たいきん》を彼《かれ》らが用意《ようい》できるかどうかを、あやしんだ。

領事館《りょうじかん》に行《い》った井上聞多《いのうえもんた》は、

「日本《にほん》のサムライの魂《たましい》はこれに宿《やど》っている。五千両《せんりょう》をそろえるというわたくしの言葉《ことば》に、いつわりのない印《しるし》にします」

と、持《も》っていた大刀《だいとう》をガワルに渡《わた》した。

「よくわかりました。あなた方《がた》のことは万事《ばんじ》ひきうけましょう」

ガワルはよろこんで約束《やくそく》してくれた。

聞多《もんた》が自信《じしん》たっぷりに大見得《おおみえ》をきったのは、決《けっ》してはったりなどではなく、アテがあったからだ。藩邸《はんてい》の床下《ゆかした》に一万両《まんりょう》の埋蔵金《まいぞうきん》があることを、聞多《もんた》は知《し》っていたのである。

この一万両《まんりょう》はアメリカから購入《こうにゅう》する銃砲《じゅうほう》の支払《しはら》いにあてる準備金《じゅんびきん》だった。彼《かれ》はこれを担《たん》保《ぽ》に、伊豆倉商店《いずくらしょうてん》から五千両《せんりょう》を借《か》りだそうというのだった。伊豆倉商店《いずくらしょうてん》は、横浜《よこはま》の武器商《ぶきしょう》人《にん》で、そこの番頭《ばんとう》・佐藤貞次郎《さとうていじろう》は、前年長州藩《ぜんねんちょうしゅうはん》が軍艦《ぐんかん》を買《か》うのに藩邸用達《はんていようたつ》に指名《しめい》したさい、担当《たんとう》した聞多《もんた》と親《した》しいあいだがらとなっていた。

「長州藩邸《ちょうしゅうはんてい》の責任者《せきにんしゃ》が保証《ほしょう》してくださるなら、用立《ようだ》ていたしましょう」

と、貞次郎《ていじろう》がいう。

聞多《もんた》は藩邸《はんてい》の留守役《るすやく》・村田蔵六《むらたぞうろく》（大村益次郎《おおむらますじろう》）との強引《ごういん》な交渉《こうしょう》によって、ついに五千両《せんりょう》の調達《ちょうたつ》に成功《せいこう》した。

出発《しゅっぱつ》に先立《さきだ》って五人《にん》は連盟《れんめい》で、藩邸《はんてい》の重臣《じゅうしん》に宛《あ》てて次《つぎ》のような別《わか》れの手紙《てがみ》を書《か》き、村田《むらた》蔵六《ぞうろく》にあずけた。


このたび僕《ぼく》らの洋行《ようこう》については、たいへんお世話《せわ》になりました。御礼申《おれいもう》しあげます。国法《こくほう》を犯《おか》すこと万死《ばんし》にあたることは承知《しょうち》のうえです。国家将来《こっかしょうらい》のため決死《けっし》の覚悟《かくご》で決行《けっこう》いたします。帰国《きこく》した時《とき》お裁《さば》きはうけますが、漫然《まんぜん》と暮《く》らして帰《かえ》るようなことはいたしません。かならず役《やく》に立《た》つ人間《にんげん》となりますので、「生《い》キタル器械《きかい》」を買《か》うと思《おも》って、ご寛容《かんよう》ください。

伊藤俊輔《いとうしゅんすけ》は京都《きょうと》で同盟決心《どうめいけっしん》しているので、同行《どうこう》することにいたしました。別紙本人《べっしほんにん》の嘆願書《たんがんしょ》をごらんください。

髷《まげ》（丁髷《ちょんまげ》）は外国《がいこく》に不似合《ふにあ》いなので、切《き》りました。五人《にん》の髪《かみ》を束《たば》ねてのこしますので、万一《まんいち》のときの形見《かたみ》としておあずけいたします。……

文久《ぶんきゅう》三年《ねん》五月《がつ》十二日《にち》の夜《よる》、五人《にん》は、小《ちい》さな蒸気船《じょうきせん》で横浜《よこはま》の岸壁《がんぺき》を離《はな》れ、ひそかにジャーディン・マゼソン商会《しょうかい》のキロセッキ号《ごう》に乗《の》り移《うつ》った。出港《しゅっこう》までは税関《ぜいかん》の役人《やくにん》が船内《せんない》にいるので、石炭庫《せきたんこ》にかくれた。

ようやく抜錨《ばつびょう》（錨《いかり》をあげる）し、五人《にん》は粗末《そまつ》な船室《せんしつ》に案内《あんない》される。四、五日《にち》で上海《シャンハイ》に着《つ》いた。五人《にん》が日本《にほん》を出発《しゅっぱつ》した五月《がつ》十二日《にち》といえば、関門海峡《かんもんかいきょう》で大事件《だいじけん》がはじまった翌日《よくじつ》である。

朝廷勢力《ちょうていせいりょく》に押《お》されて、幕府《ばくふ》はしぶしぶ攘夷令《じょういれい》を発《はっ》した。外国船《がいこくせん》を撃《う》てというのだが、「もし攻撃《こうげき》されたら応戦《おうせん》せよ」というのを勝手《かって》に解釈《かいしゃく》した長《ちょう》州藩《しゅうはん》が、海峡《かいきょう》を通《とお》りかかったアメリカの商船《しょうせん》を予告《よこく》なしに砲撃《ほうげき》した。それが五月《がつ》十一日《にち》の夜明《よあ》けごろである。つづいてオランダ、フランスの軍艦《ぐんかん》を砲撃《ほうげき》した。

まもなくアメリカ、オランダ、フランスの軍艦《ぐんかん》が報復《ほうふく》にやってくる。ついにはイギリスを中心《ちゅうしん》とする連合艦隊《れんごうかんたい》が、関門海峡《かんもんかいきょう》から長州藩《ちょうしゅうはん》を襲《おそ》うという大規模《だいきぼ》な国際紛争《こくさいふんそう》に発展《はってん》する。

幕末動乱《ばくまつどうらん》のはじまりである。
五人《にん》はなにも知《し》らずに、あやしい雲行《くもゆ》きにつつまれた祖国《そこく》を離《はな》れたのである。

友情《ゆうじょう》

上海《シャンハイ》までの航海《こうかい》のあいだ、五人《にん》は高揚《こうよう》した気持《きも》ちで、「攘夷《じょうい》」について討論《とうろん》した。聞多《もんた》が佐久間象山《さくましょうざん》の考《かんが》え方《かた》に共鳴《きょうめい》したことを話《はな》すと、俊輔《しゅんすけ》は異議《いぎ》をとなえた。

「日本《にほん》を出《で》て数日《すうじつ》もしないうちに、もう攘夷《じょうい》をすてようというのか。われわれが英国《えいこく》に行《い》くのは、彼《かれ》らの技術《ぎじゅつ》を学《まな》ぶためで、その新《あたら》しい技術《ぎじゅつ》で、外国《がいこく》に対抗《たいこう》する。目的《もくてき》はあくまで、夷狄《いてき》だ」

「俊輔《しゅんすけ》は、まだそんなことをいっているのか」

「吉田松陰先生《よしだしょういんせんせい》の海外渡航《かいがいとこう》の目的《もくてき》は攘夷《じょうい》であった。僕《ぼく》は松陰先生《しょういんせんせい》の遺志《いし》を果《は》たすために参加《さんか》したのだ」

「そのときの攘夷《じょうい》の意味《いみ》は、いまとなっては外国《がいこく》を忌《い》み嫌《きら》うのと、微妙《びみょう》にかわってきている」

「微妙《びみょう》にかわるとは、どういうことだ」

ふたりの激《はげ》しいやりとりがつづいたが、諄々《じゅんじゅん》と諭《さと》すように論陣《ろんじん》をはるところは、さすがに五人《にん》のなかの最年長《さいねんちょう》らしい聞多《もんた》の貫禄《かんろく》だった。俊輔《しゅんすけ》もしだいに理解《りかい》をしめすようになる。

上海《シャンハイ》にむかう船内《せんない》で、たがいの思《おも》いを述《の》べ合《あ》うその光景《こうけい》こそが、長州《ちょうしゅう》ファイブの心意気《こころいき》をあらわしている。幕末《ばくまつ》の日本《にほん》を生《い》きた若者《わかもの》の情熱《じょうねつ》が、洋上《ようじょう》に燃《も》えあがる冒険的《ぼうけんてき》な密航留《みっこうりゅう》学《がく》の門出《かどで》である。

上海《シャンハイ》からは三人《にん》と二人《ふたり》にわけ、別々《べつべつ》の船《ふね》でロンドンにむかう。

井上聞多《いのうえもんた》と伊藤俊輔《いとうしゅんすけ》は、やはりジャーディン・マゼソン商会《しょうかい》のペガサス号《ごう》（三百《びゃく》トン）で出港《しゅっこう》、山尾庸三《やまおようぞう》、野村弥吉《のむらやきち》、遠藤謹助《えんどうきんすけ》の三人《にん》は、十日《とおか》遅《おく》れてホウィト・アッダー号《ごう》（五百《ひゃく》トン）で上海《シャンハイ》を出発《しゅっぱつ》した。

「君《きみ》らのイギリス渡航《とこう》の目的《もくてき》は、なにか」と船長《せんちょう》に聞《き》かれたとき、聞多《もんた》は「ナビゲーション」と答《こた》えた。ほんとうは海軍《かいぐん》というつもりだった。「ネイビー」というところを、「航海《こうかい》」と答《こた》えてしまったので、誤解《ごかい》した船長《せんちょう》から水夫《すいふ》の役《やく》をあたえられたふたりは、きびしい船《せん》内労働《ないろうどう》をさせられて、ひどい目《め》にあった。

小《ちい》さな船《ふね》なのでトイレもない。船尾《せんび》に二枚《まい》の板《いた》をとりつけ、それにまたがって排便《はいべん》は直《ちょく》接《せつ》、海《うみ》におとすという原始的《げんしてき》なやり方《かた》だ。男《おとこ》ばかりの洋上生活《ようじょうせいかつ》だから、あたりまえのようになっている。

「なかなか爽快《そうかい》だな」

と、日本人《にほんじん》のふたりは笑《わら》っていたが、海《うみ》がシケるとたいへんだ。へたをすると、波《なみ》にさらわれてしまう。そんな嵐《あらし》の日《ひ》、俊輔《しゅんすけ》が下痢《げり》をしてしまった。船底《ふなぞこ》の部屋《へや》から甲板《かんぱん》まで、そのつど、駆《か》けあがり、船尾《せんび》の板《いた》トイレに行《い》かなければならない。

「あぶないから、やめちょけ。バケツをもらってきてやるから、それにしておけ」

「いやだ」

「死《し》ぬことになるかもしれんぞ」

「死《し》んでもよい」

俊輔《しゅんすけ》は、所定《しょてい》の場所《ばしょ》でなければいやだといってきかない。

排便《はいべん》にも命《いのち》をかけるという俊輔《しゅんすけ》に、聞多《もんた》は感心《かんしん》した。

「よし、では協力《きょうりょく》してやろう」

聞多《もんた》は俊輔《しゅんすけ》のからだにロープをまき、その端《はし》を錨《いかり》をあげおろしするための柱《はしら》にくくりつけて、彼《かれ》が用《よう》をすませるのを見守《みまも》った。

聞多《もんた》は俊輔《しゅんすけ》より六《むっ》つ年上《としうえ》だ。しかも封建《ほうけん》の身分《みぶん》でいえば、いかに俊輔《しゅんすけ》が藩士《はんし》になったとしても、まだ無祿《むろく》（無給《むきゅう》）なのに対《たい》し聞多《もんた》は二百石取《ひゃっこくど》りの上士《じょうし》（上級《じょうきゅう》の藩士《はんし》）である。その聞多《もんた》がかいがいしく俊輔《しゅんすけ》のトイレの世話《せわ》をしてやるなど、当時《とうじ》の常識《じょうしき》で考《かんが》えられないことだ。それが吉田松陰《よしだしょういん》に感化《かんか》された長州《ちょうしゅう》の若者《わかもの》たちが、明《あか》るく育《はぐく》んできた友情《ゆうじょう》の光景《こうけい》というものだろう。

聞多《もんた》は藩校明倫館《はんこうめいりんかん》を卒業《そつぎょう》し、吉田松陰《よしだしょういん》の教《おし》えをうけたことはない。松陰仕《しょういんじ》こみの俊輔《しゅんすけ》と心《こころ》をかよわせているうちに、いつか対等《たいとう》の友人《ゆうじん》になっている。

すべてがタテにつながっている封建社会《ほうけんしゃかい》には、身分《みぶん》を超《こ》えた若者《わかもの》たちの連帯《れんたい》という人間《にんげん》関係《かんけい》はなかった。

身分《みぶん》・年齢差《ねんれいさ》を超《こ》えた友情《ゆうじょう》にむすばれてロンドンに渡《わた》った長州《ちょうしゅう》ファイブの異国《いこく》での生活《せいかつ》がはじまる。

ロンドン大学《だいがく》

スエズ運河《うんが》が開通《かいつう》したのは、一八六九(明治《めいじ》二)年《ねん》だから、俊輔《しゅんすけ》らが乗《の》ったペガサス号《ごう》は、インド洋《よう》からアフリカのマダガスカル島《しま》のそばを南下《なんか》し、喜望峰《きぼうほう》(アフリカ南西端《なんせいたん》の岬《みさき》。ケープ・タウンの南約《みなみやく》五十《じっ》キロ)から大西洋《たいせいよう》にはいりヨーロッパにむかうという、気《き》の遠《とお》くなるような大航海《だいこうかい》だった。

しかもペガサス号《ごう》は嵐《あらし》に見《み》まわれて手間《てま》どり、一八六三(文久《ぶんきゅう》三)年《ねん》九月《がつ》二十三日《にち》、やっとのことでロンドンに着《つ》いた。横浜《よこはま》を出《で》てから、じつに四カ月《げつ》と十日《とおか》もかかったことになる。上海《シャンハイ》を十日《とおか》遅《おく》れて出発《しゅっぱつ》した山尾《やまお》たちのほうが、先《さき》にロンドンに到着《とうちゃく》し俊輔《しゅんすけ》らを待《ま》っていた。

五人《にん》をひきうけてくれたのは、ユニバーシティ・カレッジ・オブ・ロンドン(UCL)で化学《かがく》を教《おし》えているウイリアムソン教授《きょうじゅ》だった。

UCLはロンドン大学《だいがく》を構成《こうせい》するカレッジのひとつだから、長州《ちょうしゅう》ファイブはロンドン大学《だいがく》に留学《りゅうがく》したといってよいだろう。

五人《にん》はウイリアムソン教授《きょうじゅ》の家《いえ》に下宿《げしゅく》し、教授《きょうじゅ》の指導《しどう》でまずは英会話《えいかいわ》を学習《がくしゅう》し、つづいて英文講読《えいぶんこうどく》にはげんだ。のちに井上《いのうえ》・山尾《やまお》のふたりはガワー街《がい》のクーパー家《け》に分宿《ぶんしゅく》した。

五人《にん》が留学《りゅうがく》したUCLは、一八二六(文政《ぶんせい》九)年《ねん》に創設《そうせつ》された大学《だいがく》で、いまもロンドン市《し》内《ない》にあり、長州《ちょうしゅう》ファイブの名《な》を記《しる》した学籍簿《がくせきぼ》がのこっている。

大学《だいがく》の中庭《なかにわ》には、幕末《ばくまつ》ここに留学《りゅうがく》した二十四人《にん》の日本人《にほんじん》の名《な》をきざんだ漢字《かんじ》の石碑《せきひ》が建《た》てられている。(碑面《ひめん》の裏側《うらがわ》にはローマ字《じ》で彫《ほ》られている)

「伊藤博文《いとうひろぶみ》」を先頭《せんとう》にした長州《ちょうしゅう》ファイブの名《な》が誇《ほこ》らしげにならび、あとは薩摩藩《さつまはん》の人々《ひとびと》だ。五代才助《ごだいさいすけ》(友厚《ともあつ》)ら薩摩人《さつまじん》十九人《にん》が密航《みっこう》してロンドン大学《だいがく》に留学《りゅうがく》したのは、慶応元《けいおうがん》(一八六五)年《ねん》五月《がつ》だった。長州《ちょうしゅう》ファイブより二年後輩《ねんこうはい》になる。

やがて倒幕《とうばく》の主勢力《しゅせいりょく》として活躍《かつやく》する長州《ちょうしゅう》と薩摩《さつま》の先駆的《せんくてき》な行動《こうどう》はこんなところにもあらわれている。

ロンドン大学《だいがく》の碑《ひ》には、日本語《にほんご》で「一八六四年《ねん》および一八六五年《ねん》にUCLを訪《おとず》れ、帰国《きこく》後《ご》、近代日本《きんだいにほん》の基礎《きそ》をきずいた先駆者達《せんくしゃたち》を讃《たた》える」という言葉《ことば》がそえてある。

この記念碑《きねんひ》は一九九三(平成《へいせい》五)年《ねん》、日英友好協会《にちえいゆうこうきょうかい》の手《て》で建《た》てられたものだが、建碑《けんぴ》の発《はっ》案《あん》は元副学長《もとふくがくちょう》のジョン・ホワイト氏《し》だったという。
「御影石《みかげいし》はジンバブエから、台座《だいざ》はポルトガルからとりよせた。ホワイト教授《きょうじゅ》は漢字《かんじ》を見《み》たこともないポルトガルの職人《しょくにん》を雇《やと》い、筆文字《ふでもじ》の風合《ふうあ》いや漢字《かんじ》の彫《ほ》り方《かた》をひとつひとつ教《おし》えて石碑《せきひ》を完成《かんせい》させたという」

（宮地《みやち》ゆう著《ちょ》『密航留学生《みっこうりゅうがくせい》「長州《ちょうしゅう》ファイブ」を追《お》って』）

産業革命《さんぎょうかくめい》の成果《せいか》

五人《にん》がさっそくとりかかったのは、英語《えいご》の勉強《べんきょう》だった。

この当時《とうじ》、日本《にほん》で入手《にゅうしゅ》できたのは『英和対訳袖珍辞書《えいわたいやくしゅうちんじしょ》』で、文久《ぶんきゅう》二年《ねん》に江戸《えど》で印刷《いんさつ》されたそれを持《も》ってロンドンに渡《わた》った。

袖珍《しゅうちん》というのは、袖《そで》にはいる小型《こがた》のという意味《いみ》。ポケット・ディクショナリーの和訳《わやく》である。

Nの項《こう》をひいてみよう。

Nature, s.　天地万物宇宙本体造物者《てんちばんぶつうちゅうほんたいぞうぶつしゃ》、性質《せいしつ》
　天地《てんち》自然《しぜん》ノ道理《どうり》、品種《ひんしゅ》

A naval oficier　船大将《ふなだいしょう》

Navigation, s.　航海《こうかい》、航海術《こうかいじゅつ》

表現《ひょうげん》が古《ふる》めかしいのもあるが、まずまずの英和辞書《えいわじしょ》だ。

すこしばかり英語《えいご》をかじっていた井上多聞《いのうえもんた》はこの辞書《じしょ》を持《も》っていたはずだが、海軍《かいぐん》の勉強《べんきょう》というべきところを、「ナビゲーション（航海《こうかい》）」とまちがっていったのは、まだ使《つか》いこなせなかったのだろう。

英語《えいご》はアルファベットからはじめるという者《もの》ばかりだったが、たがいに競争《きょうそう》して猛勉強《もうべんきょう》したから、おどろくばかりの上達《じょうたつ》だった。

伊藤俊輔《いとうしゅんすけ》が慶応《けいおう》三（一八六七）年《ねん》十一月《がつ》、人《ひと》に宛《あ》てた英文《えいぶん》の手紙《てがみ》がのこっているが、その達筆《たっぴつ》な筆跡《ひっせき》を見《み》ると、四カ月《げつ》のロンドン滞在中《たいざいちゅう》に習得《しゅうとく》した英語力《えいごりょく》がどれほどのものか想像《そうぞう》することができる。

八年後《ねんご》の明治《めいじ》四年《ねん》十二月《がつ》、伊藤博文《いとうひろぶみ》となった彼《かれ》が、サンフランシスコの歓迎会《かんげいかい》で、堂々《どうどう》たる英語《えいご》による謝辞《しゃじ》を述《の》べたということも、なるほどと頷《うなず》かせるのである。ロンドンにおける彼《かれ》らの勉強《べんきょう》ぶりに、イギリス人《じん》は感心《かんしん》して、東洋《とうよう》の小国《しょうこく》あなどりがたし（ばかにできない）と、日本《にほん》の存在《そんざい》を認識《にんしき》した——。

英語《えいご》の基礎《きそ》をたたきこまれた五人《にん》は、とにかく実践《じっせん》だと、カレッジに通《かよ》って、英人学生《えいじんがくせい》たちと交《まじ》わり、異国《いこく》のなかにとけこんで貪婪《どんらん》（きわめて欲《よく》が深《ふか》いこと）に勉学《べんがく》をすすめた。

発展家《はってんか》の伊藤俊輔《いとうしゅんすけ》は、ロンドン大学《だいがく》の学生《がくせい》だけでなく、オックスフォード大学《だいがく》の学生《がくせい》とも仲《なか》よくなっている。そのなかのひとりミッドフォードは、卒業後外交官《そつぎょうごがいこうかん》となり、慶応《けいおう》二年《ねん》から明治《めいじ》三年《ねん》まで英国公使館《えいこくこうしかん》の書記官《しょきかん》として来日《らいにち》、伊藤俊輔《いとうしゅんすけ》と再会《さいかい》した。ロンドン時代《じだい》の俊輔《しゅんすけ》について、ミッドフォードは『回想録《かいそうろく》』のなかで、次《つぎ》のように語《かた》っている。

彼《かれ》（伊藤《いとう》）は精悍《せいかん》（気性《きしょう》がするどく勇敢《ゆうかん》。からだつきや動作《どうさ》がたくましく見《み》えること）であり、野趣《やしゅ》（自然《しぜん》のままの素朴《そぼく》なおもむき）満々《まんまん》としたところは、まさに隼《はやぶさ》そのもの。冒険好《ぼうけんず》きで、非常《ひじょう》に陽気《ようき》な青年《せいねん》だった。

それでいざ仕事《しごと》となると、正確《せいかく》で機敏《きびん》、いかにも天稟《てんぴん》（生《う》まれつきの才能《さいのう》）の高鳴《たかな》りする人物《じんぶつ》だった。

五人《にん》はまた博物館《はくぶつかん》、美術館《びじゅつかん》をはじめ文化施設《ぶんかしせつ》から海軍《かいぐん》などの軍事施設《ぐんじしせつ》を探訪《たんぼう》した。やがて思《おも》い思《おも》いの方面《ほうめん》、たとえば遠藤謹助《えんどうきんすけ》は、イングランド銀行《ぎんこう》での造幣《ぞうへい》（貨幣《かへい》の鋳造《ちゅうぞう》、紙幣《しへい》印刷《いんさつ》）に、山尾庸三《やまおようぞう》はグラスゴーの造船所《ぞうせんしょ》、野村弥吉《のむらやきち》はリバプールでの鉄道《てつどう》・蒸気機関車《じょうききかんしゃ》の製造所《せいぞうしょ》というように関心《かんしん》を深《ふか》めていく。

十八世紀《せいき》の産業革命後《さんぎょうかくめいご》、十九世紀《せいき》にはいってヴィクトリア女王《じょうおう》の時代《じだい》になると、イギリスは「世界《せかい》の工場《こうじょう》」と呼《よ》ばれ、資本主義《しほんしゅぎ》の先進地《せんしんち》として最繁栄期《さいはんえいき》をむかえた。

その大英帝国《だいえいていこく》の首都《しゅと》ロンドンの光景《こうけい》は、鎖国《さこく》でとりのこされた日本《にほん》から、突然《とつぜん》やってきた者《もの》の目《め》には、文字《もじ》どおりの別世界《べっせかい》だった。

「ロンドンの市中《しちゅう》は天《てん》を走《はし》る車《くるま》（高架鉄道《こうかてつどう》）あり、地《ち》を走《はし》る輪《わ》（地下鉄《ちかてつ》）あり、製作《せいさく》に奇《き》工《こう》（不思議《ふしぎ》な工作《こうさく》）を極《きわ》めたり……」

九年後《ねんご》、ロンドンにやってきた岩倉使節団《いわくらしせつだん》の、『米欧回覧実記《べいおうかいらんじっき》』は、そんなことを書《か》いている。長州《ちょうしゅう》ファイブもおなじような産業革命《さんぎょうかくめい》の成果《せいか》をながめたのだ。

祖国《そこく》の大事件《だいじけん》

留学生活《りゅうがくせいかつ》をはじめた彼《かれ》らには、ひとつ気《き》がかりなことがあった。出発《しゅっぱつ》した文久《ぶんきゅう》三（一八六三）年《ねん》五月《がつ》ごろからの不穏《ふおん》な日本《にほん》の国内情勢《こくないじょうせい》である。

それについては、俊輔《しゅんすけ》らがロンドンに到着《とうちゃく》して一《いっ》カ月後《げつご》の九月《がつ》二十三日《にち》、新聞《しんぶん》「ロンドン・タイムス」に、たいへんなニュースが載《の》ったのである。

イギリス、フランス、オランダ、アメリカの四大国《たいこく》が、長州藩《ちょうしゅうはん》を処罰《しょばつ》するための協議《きょうぎ》は、最終段階《さいしゅうだんかい》をむかえているという記事《きじ》だった。

長州藩《ちょうしゅうはん》が関門海峡《かんもんかいきょう》を通《とお》る外国船砲撃《がいこくせんほうげき》をはじめたのは、五人《にん》が横浜《よこはま》を出発《しゅっぱつ》する直前《ちょくぜん》のことで、上海《シャンハイ》行《ゆ》きの船《ふね》の石炭庫《せきたんこ》にかくれていた彼《かれ》らはそのことを知《し》らずに日本《にほん》をあとにしたのである。

五月《がつ》十一日《にち》を期《き》して長州藩《ちょうしゅうはん》は攘夷実行《じょういじっこう》にふみきり、相手《あいて》かまわぬ砲撃《ほうげき》を開始《かいし》した。それは関門海峡《かんもんかいきょう》を封鎖《ふうさ》することである。瀬戸《せと》内海《ないかい》と東《ひがし》シナ海《かい》をつなぐ運河《うんが》の役割《やくわり》をもつ関門海《かんもんかい》いるという。

峡《きょう》を自由《じゆう》に通《とお》れなくなった諸外国《しょがいこく》は、連合艦隊《れんごうかんたい》を組《く》んで長州藩《ちょうしゅうはん》を襲撃《しゅうげき》する話《はな》し合《あ》いをして

「まさかそんなことにはなるまい」

と、無理《むり》にでも安心《あんしん》しているうちに、年《とし》が明《あ》けて一八六四年《ねん》となった。日本《にほん》では元治《げんじ》と年《ねん》号《ごう》がかわる。そして四月四日《がつよっか》のロンドン・タイムスは、薩英戦争《さつえいせんそう》がはじまりイギリス艦隊《かんたい》の砲撃《ほうげき》で鹿児島《かごしま》の城下《じょうか》が炎上《えんじょう》したことを報《ほう》じた。

薩摩藩主《さつまはんしゅ》の父島津久光《ちちしまづひさみつ》の行列《ぎょうれつ》が、横浜近《よこはまちか》くの生麦《なまむぎ》を通《とお》りかかったとき、馬《うま》に乗《の》ってその行列《ぎょうれつ》を横《よこ》ぎったイギリス商人《しょうにん》を斬《き》り殺《ころ》したのは、文久《ぶんきゅう》二年《ねん》八月《がつ》だった。生麦事件《なまむぎじけん》という。

イギリスは生麦事件《なまむぎじけん》の賠償《ばいしょう》を要求《ようきゅう》したが、薩摩藩《さつまはん》はそれに応《おう》じようとしない。しびれをきらしたイギリスが鹿児島《かごしま》を襲《おそ》った。この薩英戦争《さつえいせんそう》は、生麦事件《なまむぎじけん》からほぼ一年後《ねんご》の文久《ぶんきゅう》三(一八六三)年《ねん》の七月《がつ》だが、ロンドン・タイムスがそれを報《ほう》じたのは九カ月後《げつご》である。

四大国《たいこく》が長州藩《ちょうしゅうはん》を襲《おそ》うというのは、単《たん》なる脅《おど》しではないとわかり、あらためてロンドンにいる五人《にん》の背筋《せすじ》に衝撃《しょうげき》が走《はし》った。

緊急《きんきゅう》の会議《かいぎ》をひらく。

「襲撃《しゅうげき》の最終予告《さいしゅうよこく》は八月《がつ》というから、四カ月《げつ》ある。まだ遅《おそ》くはない。すぐ発《た》てば戦争《せんそう》をや

めさせることができる」

と、俊輔《しゅんすけ》はいった。

「帰《かえ》るのか」

「そうだ。外国《がいこく》が攻《せ》めてくるちゅうのに、こんなところで安穏《あんのん》としておられるか。全面戦争《ぜんめんせんそう》になれば、長州《ちょうしゅう》ばかりではない。日本《にほん》が壊滅《かいめつ》するかもしれんのだぞ。国《くに》が滅《ほろ》びては、留学《りゅうがく》もなにもあったものではない」

「俊輔《しゅんすけ》のいうとおりじゃ。帰《かえ》るか」

聞多《もんた》がうめくようにいった。

「君《きみ》たちはどうする」

俊輔《しゅんすけ》があとの三人《にん》を見《み》まわしたが、無言《むごん》のままだ。帰国《きこく》すれば、動乱《どうらん》のなかに飛《と》びこむことになる。とすれば、ここロンドンは安全地《あんぜんち》だ。

――君子《くんし》あやうきに、近《ちか》よらず。

彼《かれ》らがそんなことまで考《かんが》えているはずはないが、本格的《ほんかくてき》な勉学《べんがく》がこれからはじまろうという時《とき》である。ためらうのが当然《とうぜん》だったかもしれない。

遠藤勤助《えんどうきんすけ》が、重《おも》い口《くち》をひらいた。

「すぐ出発《しゅっぱつ》するとして、船《ふね》が確実《かくじつ》に二カ月《げつ》で日本《にほん》に帰《かえ》りつけるかどうか。くるときの俊輔《しゅんすけ》らのペガサス号《ごう》は四カ月《げつ》あまりもかかったではないか。すべてが終《お》わったあとに帰《かえ》ってどうするのだ。むだ足《あし》というものではないか」

「むだ足《あし》でもよいではないか。故国《ここく》の危急《ききゅう》を知《し》って、傍観《ぼうかん》することが、おのれを志士《しし》と自認《じにん》する者《もの》として許《ゆる》されるか、僕《ぼく》はそれをいうちょるのだ」

俊輔《しゅんすけ》が悲壮《ひそう》な声《こえ》を出《だ》した。

「このさいは、あえて傍観《ぼうかん》することを選《えら》びたい。どのような結果《けっか》になろうと、日本《にほん》という国《くに》はのこる。英国《えいこく》で学《まな》んだわれわれが必要《ひつよう》になる時《とき》がかならずやってくる。わたしはロンドンにとどまりたい」

山尾庸三《やまおようぞう》がいった。

「よし、わかった。五人《にん》ががん首《くび》をそろえて帰国《きこく》することはない。帰《かえ》るのは僕《ぼく》と俊輔《しゅんすけ》だけでよい。あとの三人《にん》はイギリスにのこって、目的《もくてき》を達《たっ》してもらいたい」

と、井上聞多《いのうえもんた》が年長者《ねんちょうしゃ》らしい判断《はんだん》をくだした。ふたつの可能性《かのうせい》に賭《か》けようというのである。

「いずれもその信念《しんねん》に従《したが》ったことにしよう。それでよいな、俊輔《しゅんすけ》」

「異議《いぎ》なし。しからば三氏《し》は精出《せいだ》されよ」

「帰《かえ》ってどうするつもりだ。それだけは聞《き》いておきたい」

山尾《やまお》庸三《ようぞう》が俊輔《しゅんすけ》にたずねた。

「まずは長州藩《ちょうしゅうはん》だな。殿様《とのさま》を説《と》いて、攘夷《じょうい》をすてさせる。それからイギリス公使《こうし》と交渉《こうしょう》して攻撃《こうげき》をやめさせるのだ」

「まにあうとよいが」

「それは神《かみ》のみぞ知《し》るだ。祈《いの》ってくれ」

と、俊輔《しゅんすけ》が笑《わら》う。

「無事《ぶじ》の航海《こうかい》を祈《いの》る」

三人《にん》に見送《みおく》られて、俊輔《しゅんすけ》と聞多《もんた》はただちにジャーディン・マゼソン会社《がいしゃ》に行《い》き、マゼソン社長《しゃちょう》に帰国《きこく》の便宜《べんぎ》をはかってくれるように頼《たの》んだ。

こころよくひきうけてもらい、あわただしく乗船手続《じょうせんてつづ》きを終《お》えて、ふたりがロンドンを発《た》ったのは、四月四日《がつよっか》のロンドン・タイムスの記事《きじ》におどろいてから数日後《すうじつご》であった。

クリスマス・イヴの衝撃《しょうげき》

聞多《もんた》と俊輔《しゅんすけ》がロンドンを旅立《たびだ》ってから八カ月《げつ》が過《す》ぎたが、くわしい日本《にほん》の状況《じょうきょう》は伝《つた》わってこない。ロンドンにのこった三人《にん》は、予定《よてい》どおりの勉学《べんがく》はつづけているが、不安《ふあん》でおちつけなかった。

一八六四年《ねん》十二月《がつ》二十四日朝《かあさ》、クリスマス・イヴの飾《かざ》りつけでにぎわうロンドンの町《まち》で売《う》り出《だ》された新聞《しんぶん》THE ILLUSTRATED LONDONNEWS（絵《えい》入りロンドン・ニュース）を読《よ》んだ遠藤謹助《えんどうきんすけ》は、はっと息《いき》をのんだ。

トップ記事《きじ》は『クリスマス』と題《だい》する穏《おだ》やかなコラムだが、その下《した》には、紙面《しめん》の半分《はんぶん》をうめる大《おお》きなイラストが載《の》っている。四門《もん》の大砲《たいほう》が砲口《ほうこう》をそろえてならび、そのまわりを武装《ぶそう》した兵士《へいし》百人《ひゃくにん》ばかりがとりまき、ひとりは、大《おお》きなユニオン・ジャック（イギリス国旗《こっき》）をふりまわしている。

下《した》のキャプション（図版《ずはん》の説明文《せつめいぶん》）には「下関《しものせき》における戦闘《せんとう》のあとの砲台占領《ほうだいせんりょう》のようす。

わが社《しゃ》の特約《とくやく》アーチストによるスケッチである。次《つぎ》のページを見《み》よ」とある。

次《つぎ》のページを開《ひら》くと、見開《みひら》きで横長《よこなが》のばかでかいイラストが二枚《まい》、どちらもたくさんの軍艦《ぐんかん》が対岸《たいがん》を砲撃《ほうげき》している光景《こうけい》である。上《うえ》は「下関海峡《しものせきかいきょう》での九月五日《がついつか》の攻撃《こうげき》」、下《した》は「英国《えいこく》コルベット艦《かん》による九月六日《がつむいか》の攻撃《こうげき》」で、海峡《かいきょう》にいくつもの水煙《すいえん》があがる激《はげ》しい戦闘《せんとう》のようすを描《えが》いたリアルな絵《え》だった。

この当時《とうじ》すでに写真機《しゃしんき》はあったが、それを印刷《いんさつ》する技術《ぎじゅつ》が発明《はつめい》されていなかったので、いったんカメラで撮影《さつえい》したのをもとに、エッチング（銅板画《どうはんが》）にして印刷《いんさつ》する。針先《はりさき》で彫《ほ》る、こまかい描写《びょうしゃ》なので、ほとんど写真《しゃしん》とかわらない迫力《はくりょく》がある。

さらに、次《つぎ》のページを見《み》よとあり、そこには新聞《しんぶん》の見開《みひら》き全面《ぜんめん》をつぶして、「日本《にほん》の戦《せん》争《そう》・九月六日《がつむいか》、海軍陸戦隊《かいぐんりくせんたい》による下関《しものせき》の防衛陣地《ぼうえいじんち》攻撃《こうげき》の図《ず》」がでかでかと報《ほう》じられているのだった。

わかったのは、一八六四年《ねん》九月五日《がついつか》に海峡《かいきょう》からの砲撃《ほうげき》がはじまり、九月六日《がつむいか》に陸戦隊《りくせんたい》が敵前上陸《てきぜんじょうりく》、砲台《ほうだい》を占領《せんりょう》したことだった。

その日付《ひづけ》は西洋《せいよう》のグレゴリオ暦《れき》だから、日本《にほん》の旧暦《きゅうれき》になおすと、一《いっ》カ月遅《げつおく》れである。つまり連合艦隊《れんごうかんたい》の下関襲撃《しものせきしゅうげき》は元治元年《げんじがんねん》八月五日《がついつか》から翌六日《よくむいか》にかけておこなわれたことになる。

「やはり戦争《せんそう》は避《さ》けられなかったのか」と、遠藤《えんどう》・山尾《やまお》・野村《のむら》らは、聞多《もんた》・俊輔《しゅんすけ》らの無駄足《むだあし》を残念《ざんねん》がった。しかしまもなくの続報《ぞくほう》で、長州藩《ちょうしゅうはん》が攘夷主義《じょういしゅぎ》をすてて、イギリスと和解《わかい》し、新《あたら》しい友好関係《ゆうこうかんけい》をきずいたこと。また長州《ちょうしゅう》と薩摩《さつま》が提携《ていけい》し、イギリスの後押《あとお》しで倒幕《とうばく》の戦《たたか》いを進《すす》めたこともわかってきた。

留学《りゅうがく》を途中《とちゅう》で投《な》げ出《だ》して帰国《きこく》した聞多《もんた》・俊輔《しゅんすけ》は、決《けっ》して無駄足《むだあし》ではなく、彼《かれ》らは重大《じゅうだい》な情《じょう》況《きょう》にさしかかった祖国《そこく》での維新革命《いしんかくめい》という歴史《れきし》に参加《さんか》することができたのだ。そしてロンドンにのこった三人《にん》は、それぞれが初志《しょし》をつらぬき、明治《めいじ》三（一八七〇）年《ねん》に帰国《きこく》、「生《い》キタル器械《きかい》」として明治政府《めいじせいふ》に迎《むか》えられ、倒幕後《とうばくご》の新国家建設《しんこっかけんせつ》に重要《じゅうよう》な役割《やくわり》を果《は》たした。

造船《ぞうせん》をはじめ、イギリスにおける各種工業《かくしゅこうぎょう》の隆盛《りゅうせい》を調査研究《ちょうさけんきゅう》した山尾庸三《やまおようぞう》は、民部権大丞《みんぶごんのだいじょう》に任《にん》じられ横須賀製鉄所《よこすかせいてつじょ》の創設《そうせつ》に参画《さんかく》、工部大丞《こうぶだいじょう》、工部卿《こうぶきょう》、法政局長官《ほうせいきょくちょうかん》などをつとめ、子爵《ししゃく》を授《さず》けられて、大正《たいしょう》六（一九一七）年《ねん》に死去《しきょ》、八十一歳《さい》だった。

ロンドンで造幣《ぞうへい》を学《まな》んだ遠藤謹助《えんどうきんすけ》は、通商権正造幣権頭《つうしょうごんのしょうぞうへいごんのかみ》となり、さらに大蔵大丞《おおくらだいじょう》から、わが国《くに》で最初《さいしょ》の紙幣印刷《しへいいんさつ》、貨幣鋳造《かへいちゅうぞう》をはじめた大阪《おおさか》の造幣局長《ぞうへいきょくちょう》となった。明治《めいじ》二十六（一八九三）年《ねん》、五十八歳《さい》で死去《しきょ》。

鉱山学《こうざんがく》・鉄道《てつどう》を学《まな》んで帰国《きこく》した野村弥吉《のむらやきち》は、鉱山頭兼鉄道頭《こうざんのかみけんてつどうのかみ》となって東京《とうきょう》―横浜間鉄道《よこはまかんてつどう》の敷設《ふせつ》を指揮《しき》した。

　のちの明治五（一八七二）年《ねん》に工部省鉄道頭専任《こうぶしょうてつどうのかみせんにん》となって、全国《ぜんこく》の鉄道敷設《てつどうふせつ》を手《て》がけた。兄《あに》の家督《かとく》をついで井上《いうえ》勝《まさる》と改名《かいめい》、鉄道庁長官《てつどうちょうちょうかん》を最後《さいご》に退官《たいかん》、汽車製造合資会社《きしゃせいぞうごうしがいしゃ》をおこし、欧州鉄道視察《おうしゅうてつどうしさつ》に出《で》て、病気《びょうき》となり、かつての留学先《りゅうがくさき》ロンドンで死去《しきょ》、六十八歳《さい》だった。

　現在《げんざい》、東京駅丸《とうきょうえきまる》の内中央口前《うちちゅうおうぐちまえ》の広場《ひろば》に「鉄道《てつどう》の父《ちち》」といわれた井上勝《いうえまさる》の銅像《どうぞう》が建《た》ち、世《せ》界《かい》の最高水準《さいこうすいじゅん》を誇《ほこ》る新幹線《しんかんせん》をはじめとするわが国鉄道事業《くにてつどうじぎょう》の繁栄《はんえい》ぶりをながめている。

　ロンドンに密航留学《みっこうりゅうがく》した長州《ちょうしゅう》ファイブは、祖国《そこく》の危機《きき》に駆《か》けつけるため帰国《きこく》したふたりをのぞき、三人《にん》の者《もの》は「世界《せかい》の工場《こうじょう》」といわれたイギリスの主要《しゅよう》な部分《ぶぶん》を吸収《きゅうしゅう》して、「生《い》キタル器械《きかい》」となる目的《もくてき》を果《は》たした。彼《かれ》らは井上聞多《いのうえもんた》や伊藤俊輔《いとうしゅんすけ》らが、やりとげた倒幕事業《とうばくじぎょう》のあとをつぐ近代国家建設《きんだいこっかけんせつ》のテクノクラートとして、二十世紀《せいき》を生《い》きたのだった。

関門海峡《かんもんかいきょう》の攘夷戦争《じょういせんそう》

大急《おおいそ》ぎでロンドンを発《た》った井上聞多《いのうえもんた》と伊藤俊輔《いとうしゅんすけ》が横浜港《よこはまこう》に帰《かえ》ってきたのは、元治元《げんじがん》(一八六四)年《ねん》六月十日《がっとおか》だった。

ロンドンから二カ月《げつ》の航海《こうかい》は、当時《とうじ》では標準《ひょうじゅん》の速度《そくど》だった。井上《いのうえ》・伊藤《いとう》がロンドンに行《い》くときのペガサス号《ごう》が、四カ月《げつ》もかかったのは例外《れいがい》である。

予定《よてい》どおりの帰着《きちゃく》だったので、とにかく連合艦隊《れんごうかんたい》による下関攻撃《しものせきこうげき》の止戦工作《しせんこうさく》(戦争《せんそう》をやめさせる手《て》だて)には、まにあった。

ふたりは密航《みっこう》で世話《せわ》になったイギリス領事《りょうじ》ガワルに会《あ》って、留学途中《りゅうがくとちゅう》で帰国《きこく》した目的《もくてき》を告《つ》げ、公使《こうし》オルコックへのとりつぎを頼《たの》んだ。

「わたしも戦争《せんそう》はしたくない。長州藩《ちょうしゅうはん》が海峡《かいきょう》の封鎖《ふうさ》を解《と》き、ジョウイ(攘夷《じょうい》)をすててくれればよいのです。あなた方《がた》が長州藩《ちょうしゅうはん》の殿様《とのさま》を説得《せっとく》するのは、大賛成《だいさんせい》です。協力《きょうりょく》します」

オルコックは、他《た》の三国《ごく》(フランス、オランダ、アメリカ)に呼《よ》びかけ、井上《いのうえ》・伊藤《いとう》に斡旋《あっせん》を依頼《いらい》することの了解《りょうかい》をとり、ふたりのためにイギリス軍艦《ぐんかん》バロサ号《ごう》を用意《ようい》してくれた。

その軍艦《ぐんかん》に乗《の》って、俊輔《しゅんすけ》と聞多《もんた》は横浜《よこはま》を出発《しゅっぱつ》した。いきなりイギリスの軍艦《ぐんかん》が長州藩《ちょうしゅうはん》領《りょう》の港《みなと》にはいるわけにはいかないので、バロサ号《ごう》はまず国東半島《くにさきはんとう》の姫島沖《ひめしまおき》に停泊《ていはく》した。

ふたりは姫島《ひめしま》から船《ふね》で周《す》防灘《おうなだ》を渡《わた》って、三田尻《みたじり》（防府市《ほうふし》）に着《つ》き、そこから、山口《やまぐち》にはいった。当時《とうじ》、藩主《はんしゅ》は本城《ほんじょう》のある不便《ふべん》な萩《はぎ》をすてて、山口《やまぐち》（山口市《やまぐちし》）に新《あたら》しい城《しろ》を構《かま》えている。

藩主毛利《はんしゅもうり》敬親《たかちか》に会《あ》ったふたりは、外国《がいこく》の軍備《ぐんび》がいかにすぐれているか、それと戦《たたか》うのはおろかなことだと説明《せつめい》して、攘夷主義《じょういしゅぎ》を放棄《ほうき》するよう必死《ひっし》ですすめたが、なかなか頷《うなず》こうとしない。

外国軍《がいこくぐん》にかなわないことは、すでに経験《けいけん》ずみである。前年《ぜんねん》の六月《がつ》にはフランスの陸戦隊《りくせんたい》が砲台《ほうだい》を占領《せんりょう》し、背後《はいご》の前田村《まえだむら》を焼《や》き払《はら》っている。

それでも藩内《はんない》にいるガリガリの攘夷主義者《じょういしゅぎしゃ》にかぎらず、藩主《はんしゅ》のそばにいる重臣《じゅうしん》たちの多《おお》くが攘夷《じょうい》こそが正義《せいぎ》だと思《おも》いこんでいるのだ。

破壊《はかい》された砲台《ほうだい》を修理《しゅうり》して、うわさとなって流《なが》れている連合艦隊《れんごうかんたい》の来襲《らいしゅう》にそなえるうごきを見《み》せている。

そんなとき京都《きょうと》では、旅館《りょかん》池田屋《いけだや》にあつまった志士《しし》たちが、新選組《しんせんぐみ》に斬《き》りこまれて大量《たいりょう》の死傷者《ししょうしゃ》を出《だ》すという「池田屋事件《いけだやじけん》」が起《お》こった。死《し》んだ志士《しし》のなかには長州人《ちょうしゅうじん》もたくさんふくまれていた。このため前年《ぜんねん》八月《がつ》、会津《あいづ》・薩摩《さつま》両藩《りょうはん》の策動《さくどう》で京都《きょうと》を追放《ついほう》された長州藩《ちょうしゅうはん》の怒《いか》りに火《ひ》がついた。

元治《げんじ》元《がん》（一八六四）年《ねん》七月《がつ》、二千人《せんにん》の武装《ぶそう》長州兵《ちょうしゅうへい》が京都《きょうと》に乱入《らんにゅう》する大事件《だいじけん》「禁門《きんもん》の変《へん》」に発展《はってん》したが、長州兵《ちょうしゅうへい》はみじめに敗走《はいそう》して、藩《はん》の立場《たちば》はますますわるくなる。

さらに長州兵《ちょうしゅうへい》の撃《う》った鉄砲《てっぽう》の弾丸《だんがん》が京都御所《きょうとごしょ》に飛《と》びこんだという理由《りゆう》で、幕府《ばくふ》は長州《ちょうしゅう》藩《はん》を「朝敵《ちょうてき》（天皇《てんのう》に反抗《はんこう》する逆賊《ぎゃくぞく》）」として、長州征伐令《ちょうしゅうせいばつれい》を出《だ》した。

幕軍《ばくぐん》が襲《おそ》ってくるのにくわえて、外国軍艦《がいこくぐんかん》にも攻撃《こうげき》されては、藩《はん》が滅《ほろ》びてしまうと、にわかに藩《はん》は方針《ほうしん》をかえ、攘夷《じょうい》をすてるといい出《だ》した。

藩主《はんしゅ》が、聞多《もんた》と俊輔《しゅんすけ》に止戦交渉《しせんこうしょう》を命《めい》じたのは、八月《がつ》にはいってからだったが、すでに時《じ》間《かん》ぎれだった。日本暦《にほんれき》八月五日《がついつか》から関門海峡《かんもんかいきょう》に進入《しんにゅう》した十七隻《せき》の軍艦《ぐんかん》は下関《しものせき》にむかって、いっせいに火《ひ》を噴《ふ》いた。

戦争《せんそう》は六日《むいか》に終《お》わった。その戦闘《せんとう》の模様《もよう》は、山尾庸三《やまおようぞう》らロンドンにのこったものが、絵《え》入《い》り新聞《しんぶん》で見《み》たとおりの無残《むざん》な敗退《はいたい》だった。

井上《いのうえ》と伊藤《いとう》は長州藩《ちょうしゅうはん》の降伏《こうふく》を伝《つた》えて講和《こうわ》の交渉《こうしょう》を進《すす》め、ひとまず休戦《きゅうせん》となる。

八月八日《がつようか》、大紋《だいもん》に黒《くろ》い烏帽子《えぼし》をかぶり、太刀《たち》を佩《は》いて礼装《れいそう》をととのえた高杉晋作《たかすぎしんさく》が、講《こう》和全権《わぜんけん》として、艦隊《かんたい》の旗艦《きかん》ユーリアラス号《ごう》（英《えい》）にむかった。

イギリス軍《ぐん》からは通訳《つうやく》としてアーネスト・サトウが出《で》るが、日本側《にほんがわ》は井上《いのうえ》と伊藤《いとう》が藩命《はんめい》をうけて高杉《たかすぎ》に随行《ずいこう》した。

のち駐日公使《ちゅうにちこうし》になったアーネスト・サトウは、そのときの高杉《たかすぎ》が「魔王《まおう》のような使者《ししゃ》」に見《み》えたと回想録《かいそうろく》に書《か》いている。

連合軍側《れんごうぐんがわ》が示《しめ》した賠償金《ばいしょうきん》三百万《びゃくまん》ドルは、高杉《たかすぎ》が頑強《がんきょう》に拒絶《きょぜつ》、長州藩《ちょうしゅうはん》に支払《しはら》い能力《のうりょく》がないとして幕府《ばくふ》に請求《せいきゅう》することになり、長州藩《ちょうしゅうはん》は、海峡《かいきょう》の自《じ》由通航《ゆうつうこう》を認《みと》めて、攘夷戦《じょういせん》「馬関戦《ばかんせん》争《そう》」は終《お》わった。

つとめを終《お》わった高杉晋作《たかすぎしんさく》、井上聞多《いのうえもんた》、伊藤俊輔《いとうしゅんすけ》らは、「異国《いこく》に屈伏《くっぷく》し、港《みなと》を開《ひら》くとはなにごとだ」と、攘夷党《じょういとう》の連中《れんちゅう》が騒《さわ》いでいる下関《しものせき》を出《で》て、山口《やまぐち》に避難《ひなん》した。

大方《おおかた》の者《もの》は、攘夷戦《じょういせん》の敗北《はいぼく》によって、外国《がいこく》とまともに戦《たたか》うことの無謀《むぼう》さを知《し》ったのである。攘夷戦《じょういせん》の無意味《むいみ》さに気《き》づいてからは、敵《てき》を幕府《ばくふ》ひとつにしぼった。つまり尊王攘夷《そんのうじょうい》から尊皇倒幕《そんのうとうばく》へと路線《ろせん》を変更《へんこう》したのだ。

結果《けっか》として、伊藤《いとう》・井上《いのうえ》の帰国《きこく》は、遠藤《えんどう》がいったようにむだ足《あし》だった。しかし彼《かれ》らが、戦《たたか》いの前後《ぜんご》、重要《じゅうよう》な役割《やくわり》を果《は》たしたことはたしかである。そして、このふたりは、留学《りゅうがく》をうちきって帰国《きこく》したからこそ、歴史転換《れきしてんかん》の瞬間《しゅんかん》を目撃《もくげき》する機会《きかい》にめぐまれた。

そしてイギリスに留学《りゅうがく》し、数年後《すうねんご》に帰国《きこく》した者《もの》には、決《けっ》してあたえられない幕末維新《ばくまついしん》の立役者《たてやくしゃ》といわれるほどの政治的《せいじてき》な地位《ちい》を勝《か》ち得《え》た。

伊藤俊輔《いとうしゅんすけ》が祖国《そこく》の危機《きき》を知《し》って、瞬時《しゅんじ》に帰国《きこく》を決意《けつい》したのは、彼《かれ》がいうように志士《しし》としての当然《とうぜん》の行動《こうどう》だったが、それは無意識《むいしき》のうちに、ここでうごかなければいけないという〝周旋家《しゅうせんか》〟の動物的《どうぶつてき》な嗅覚《きゅうかく》がはたらいたともいえる。

それが伊藤博文《いとうひろぶみ》という人《ひと》の生涯《しょうがい》を彩《いろど》る、政治家《せいじか》としての天与《てんよ》（天《てん》のあたえるもの。生《う》まれつきの才能《さいのう》）の資質《ししつ》というものであった。

日本《に》本《ほん》初《はつ》の西洋料理《せいようりょうり》

攘夷戦後《じょういせんご》、長州藩《ちょうしゅうはん》は急速《きゅうそく》にイギリスと親《した》しくなる。幕府《ばくふ》がふたたび長州《ちょうしゅう》征伐《せいばつ》の軍《ぐん》をむけようとしているので、それにそなえる武装《ぶそう》のためにも、イギリスとの親交《しんこう》は大事《だいじ》だった。

伊藤俊輔《いとうしゅんすけ》は、井上聞多《いのうえもんた》とともに、武器購入《ぶきこうにゅう》の任務《にんむ》を命《めい》じられ、下関《しものせき》と長崎《ながさき》のあいだを忙《いそが》しく往復《おうふく》した。短期間《たんきかん》ではあったが、イギリス留学《りゅうがく》の経験《けいけん》があり、まがりなりにも英語《えいご》が話《はな》せるので、公使館《こうしかん》の人々《ひとびと》との交際《こうさい》も深《ふか》まった。

講和《こうわ》がかたづいたあと、しばらくイギリス艦隊《かんたい》は下関《しものせき》に停泊《ていはく》したとき、俊輔《しゅんすけ》は通訳官《つうやくかん》のアーネスト・サトウを、下関《しものせき》の料亭《りょうてい》（大坂屋《おおさかや》）に招待《しょうたい》した。このときのことを、サトウは回顧録《かいころく》に、くわしく書《か》いている。

……わたしはその通告書《つうこくしょ》を持《も》って、（下関《しものせき》に）上陸《じょうりく》したが、用《よう》をすませたあとも陸《りく》にのこって、伊藤《いとう》と会食《かいしょく》した。

伊藤《いとう》は、わざわざヨーロッパ風《ふう》の食事《しょくじ》を用意《ようい》しようと、大《おお》いに骨折《ほねお》っていた。まず、長《なが》さ七フィート（約《やく》二メートル）、横《よこ》三フィート半《はん》（約《やく》一メートル）の食卓《しょくたく》をつくり、外国《がいこく》ものの生地《きじ》で、少々粗《しょうしょうあら》いがすこしは見《み》られるような布《ぬの》をその上《うえ》にかぶせ、よく切《き》れる長《なが》いナイフと、凹《くぼ》みのすくない、平《ひら》べったい真鍮《しんちゅう》のスプーンとを置《お》き、一対《いっつい》の箸《はし》をそのわきにそえた。

四品《しな》の皿《さら》が出《で》た。最初《さいしょ》の皿《さら》は煮《に》たロックフィシュ（くろはぜ）の料理《りょうり》で、切《き》るのに、たいへん苦労《くろう》した。その魚《さかな》の頭《あたま》にとがった箸《はし》を差《さ》しこみ、スプーンで肉《にく》を剝《は》がして、まあ、なんとか、やってのけた。（中略《ちゅうりゃく》）

つぎに米《こめ》でつくった甘《あま》いビール（味醂《みりん》）につけた未熟《みじゅく》な柿《かき》を、皮《かわ》をむいて四《よ》つ切《ぎ》りにしたのが出《で》たが、これは素敵《すてき》にうまかった。

この饗応《きょうおう》（もてなし）は、日本《にほん》のこの地方《ちほう》で洋風《ようふう》の食事《しょくじ》を出《だ》した最初《さいしょ》のものだったにちがいない。あるいは、日本《にほん》の国内《こくない》で最初《さいしょ》のものだったかもしれない。

（アーネスト・サトウ著《ちょ》『一外交官《がいこうかん》の見《み》た明治維新《めいじいしん》』坂田精一《さかたせいいち》訳《やく》）

六尺棒《ろくしゃくぼう》の力士隊総督《りきしたいそうとく》

連合艦隊《れんごうかんたい》に敗北《はいぼく》したあと、つづいて長州征伐《ちょうしゅうせいばつ》の幕軍《ばくぐん》がやってくる気配《けはい》に長州藩《ちょうしゅうはん》は戦《おのの》いた。そこで全面的《ぜんめんてき》に幕府《ばくふ》に服従《ふくじゅう》しようという「謝罪恭順《しゃざいきょうじゅん》」論《ろん》と、一応《いちおう》は恭順《きょうじゅん》の態度《たいど》をとって戦力《せんりょく》をたくわえておき、あくまで倒幕《とうばく》の目的《もくてき》はつらぬこうという「武備恭順《ぶびきょうじゅん》」論《ろん》が対立《たいりつ》した。

そのいずれかを決《き》めようという君前会議《くんぜんかいぎ》（殿様《とのさま》のまえで開《ひら》く会議《かいぎ》）が元治元《げんじがん》（一八六四）年《ねん》九月《がつ》二十五日《にち》に山口《やまぐち》の政治堂《せいじどう》で開《ひら》かれた。「武備恭順《ぶびきょうじゅん》」を主張《しゅちょう》する井上聞多《いのうえもんた》ら急進派《きゅうしんは》が、「謝罪恭順《しゃざいきょうじゅん》」の保守派《ほしゅは》をおしきって、会議《かいぎ》は終《お》わった。

ところがその夜《よる》、湯田《ゆだ》（山口市《やまぐちし》）の自宅《じたく》に帰《かえ》る途中《とちゅう》の井上聞多《いのうえもんた》が、暴漢《ぼうかん》に襲《おそ》われて重傷《じゅうしょう》を負《お》うという暗殺未遂事件《あんさつみすいじけん》が起《お》こった。これがきっかけとなって、急進派《きゅうしんは》の勢《いきお》いは、にわかにおとろえ、かわって保守派《ほしゅは》が藩政《はんせい》の実権《じっけん》をにぎり、反対派《はんたいは》をとりのぞく粛清《しゅくせい》をやりはじめた。

次々《つぎつぎ》と捕《と》らえて投獄《とうごく》するので、逃《に》げ足《あし》のはやい高杉晋作《たかすぎしんさく》は福岡《ふくおか》に亡命《ぼうめい》した。伊藤俊輔《いとうしゅんすけ》は五十針《はり》も縫《ぬ》う重傷《じゅうしょう》を負《お》い、自宅《じたく》の床《ゆか》でうなっている井上聞多《いのうえもんた》を見舞《みま》ったあと、山口《やまぐち》に駐屯《ちゅうとん》していた力士隊《りきしたい》四十人《にん》をひきいて下関《しものせき》にむかった。

力士隊《りきしたい》というのは、藩《はん》がもよおす田舎相撲《いなかすもう》の力士《りきし》たちの諸隊《しょたい》で、もともと俊輔《しゅんすけ》が結成《けっせい》した大男《おおおとこ》の集団《しゅうだん》である。身《み》の危険《きけん》を感《かん》じた俊輔《しゅんすけ》は、彼《かれ》らをボディガードとして、自《みずか》ら力士隊《りきしたい》総督《そうとく》と名《な》のり、下関《しものせき》の寺《てら》に陣《じん》を構《かま》えた。

桂小五郎《かつらこごろう》は禁門《きんもん》の変《へん》以来《いらい》商人《しょうにん》に化《ば》けて、京都《きょうと》に近《ちか》い出石《いずし》に身《み》をひそめている。高杉晋作《たかすぎしんさく》は聞多《もんた》の遭難《そうなん》から四日後《よっかご》に福岡《ふくおか》に亡命《ぼうめい》、さらに急進派《きゅうしんは》が頼《たよ》りにしていた重臣《じゅうしん》の周布政之助《すふまさのすけ》は、ノイローゼのようになって自殺《じさつ》してしまった。

三人《にん》の家老《かろう》に切腹《せっぷく》させ、その首《くび》を差《さ》し出《だ》して幕府《ばくふ》に謝罪《しゃざい》した藩内保守派《はんないほしゅは》の勢《いきお》いは、つのるばかりだった。「俗論党《ぞくろんとう》」と急進派《きゅうしんは》から呼《よ》ばれる人々《ひとびと》が実権《じっけん》をにぎる藩政府《はんせいふ》は、「諸隊解散令《しょたいかいさんれい》」を出《だ》して、奇兵隊《きへいたい》をはじめ文久《ぶんきゅう》三年《ねん》以来《いらい》結成《けっせい》された民兵組織《みんぺいそしき》を危険視《きけんし》し、その解体《かいたい》をはかった。

下関《しものせき》の周辺《しゅうへん》にたむろする諸隊《しょたい》は、それには従《したが》わない。彼《かれ》らは武装《ぶそう》しているので、俗論政府《ぞくろんせいふ》も簡単《かんたん》には手《て》が出《だ》せないのだ。

伊藤俊輔《いとうしゅんすけ》の力士隊《りきしたい》にも解散令《かいさんれい》がとどけられた。もちろん拒否《きょひ》した。わずかな者《もの》が鉄砲《てっぽう》を持《も》っているが、力士隊《りきしたい》のおもな武器《ぶき》は、六尺棒《ろくしゃくぼう》（一・八メートルのこん棒《ぼう》）である。仁王《におう》様《さま》のような大男《おおおとこ》が、六尺棒《ろくしゃくぼう》をふりまわせば、接近戦《せっきんせん》なら威力《いりょく》を発揮《はっき》するだろう。俊輔《しゅんすけ》は彼《かれ》らに、とりまかれてふんぞり返《かえ》っているが、長州藩《ちょうしゅうはん》はこれからどうなるのだと不安《ふあん》でならない。

そんなとき影《かげ》をけしていた高杉晋作《たかすぎしんさく》が、こつぜんとして下関《しものせき》にあらわれた。

奇兵隊《きへいたい》うごかず

福岡《ふくおか》に亡命《ぼうめい》していた高杉晋作《たかすぎしんさく》は、長州藩《ちょうしゅうはん》が幕府《ばくふ》の手《て》で骨抜《ほねぬ》きにされているようすを知《し》り、傍観《ぼうかん》しておれなくなった。

十一月二十五日《がつ にち》の夜《よる》、死《し》を覚悟《かくご》しながら下関《しものせき》に帰《かえ》ってきた彼《かれ》は、ひそかに勤王商人《きんのうしょうにん》・白石正一郎《しらいししょういちろう》の屋敷《やしき》にはいった。

奇兵隊《きへいたい》は、小月《おづき》に本陣《ほんじん》を移《うつ》している。そのほか遊撃隊《ゆうげきたい》・御楯隊《みたてたい》・南園隊《なんえんたい》・膺懲隊《ようちょうたい》・集義隊《しゅうぎたい》といった諸隊《しょたい》は長府城下《ちょうふじょうか》の近《ちか》くにそれぞれ本陣《ほんじん》を構《かま》えて息《いき》をひそめているという。

「伊藤俊輔《いとうしゅんすけ》はどうしちょりますか」

と、晋作《しんさく》は正一郎《しょういちろう》にたずねた。

「伊藤《いとう》さんは、力士隊《りきしたい》とともに寺《てら》にこもっておいでです」

彼《かれ》は力士隊《りきしたい》を結成《けっせい》し、その総督《そうとく》におさまっているという。

「ほう、力士隊《りきしたい》ですか。俊輔《しゅんすけ》らしいな」

と、晋作《しんさく》は愉快《ゆかい》そうに笑《わら》い、さっそく正一郎《しょういちろう》に教《おし》えられた場所《ばしょ》に、伊藤俊輔《いとうしゅんすけ》を訪《たず》ねる。

藩政府《はんせいふ》からはすべての隊《たい》に解散命令《かいさんめいれい》が出《で》ているが、どこの隊《たい》も拒否《きょひ》してがんばっている。武器弾薬《ぶきだんやく》を持《も》った彼《かれ》らがいっせいに起《お》ちあがれば千人《せんにん》ぐらいの戦闘部隊《せんとうぶたい》はできる。

まず奇兵隊《きへいたい》をうごかして檄《げき》をとばせば、他《た》の諸隊《しょたい》も呼応《こおう》してくれるにちがいないと晋作《しんさく》は考《かんが》えた。奇兵隊《きへいたい》は晋作《しんさく》が創設《そうせつ》した隊《たい》だ。自分《じぶん》が呼《よ》びかければ、かならずついてくるだろうという自信《じしん》もあった。

晋作《しんさく》は、下関《しものせき》の町《まち》はずれの寺《てら》に屯営《とんえい》を構《かま》えた力士隊《りきしたい》に足《あし》をはこんだ。こういうときには役《やく》に立《た》つ男《おとこ》だと思《おも》ったからである。

「高杉《たかすぎ》さん、帰《かえ》ってきてくれたのですか。待《ま》っちょりました」

突然《とつぜん》あらわれた晋作《しんさく》を見《み》て、俊輔《しゅんすけ》は狂喜《きょうき》した。

「俊輔《しゅんすけ》、このまま俗論党《ぞくろんとう》をのさばらして、幕府《ばくふ》にぺこぺこするばかりでは長州《ちょうしゅう》は滅《ほろ》びてしまうぞ。俗論政府《ぞくろんせいふ》をぶっつぶしてやろうではないか」

「そうですなあ」

「元気《げんき》がないではないか」

「起《た》ちあがるのはよいが、萩《はぎ》の俗論党《ぞくろんとう》には二千人《せんにん》の家臣《かしん》が配下《はいか》についちょります。勝算《しょうさん》はありますか」

「勝算《しょうさん》もへちまもあるか。いまは行動《こうどう》あるのみだ」

「しかし奇兵隊《きへいたい》が腰《こし》をあげないでは、どうしようもありませんぞ」

「奇兵隊《きへいたい》がどうした」

「総監《そうかん》は赤根武人《あかねたけと》ですからな」

「赤根《あかね》でもよいではないか」

「このごろ、しきりに萩《はぎ》の俗論政府《ぞくろんせいふ》と話《はな》し合《あ》い、諸隊《しょたい》の解散《かいさん》を待《ま》ってほしいと、泣《な》きついちょるとかで、いまは、どの隊《たい》もその交渉《こうしょう》の成《な》り行《ゆ》きを見守《みまも》っておるのが実情《じつじょう》です」

「ばかたれ!」

思《おも》わず晋作《しんさく》は怒鳴《どな》った。

「まあ、とにかく奇兵隊《きへいたい》に行《い》ってみますか」

と、俊輔《しゅんすけ》は晋作《しんさく》をさそった。行《い》けばわかる。

その奇兵隊本陣《きへいたいほんじん》には、軍監《ぐんかん》の山県狂介《やまがたきょうすけ》(のちの山県有朋《やまがたありとも》)がいた。俊輔《しゅんすけ》とはおなじ時期《じき》、松陰《しょういん》に師事《しじ》した松下村塾《しょうかそんじゅく》の同窓生《どうそうせい》だ。狂介《きょうすけ》も足軽《あしがる》から士分《しぶん》にひきあげられたひとりである。

「赤根《あかね》に会《あ》いたい」

と、いきなり晋作《しんさく》はいった。

「萩《はぎ》に行《い》っちょります」

「なんのための萩通《はぎがよ》いだ。俗論党《ぞくろんとう》のご機嫌《きげん》とりか」

「赤根《あかね》さんは、われわれにくわしいことを話《はな》してくれんので、さっぱりわかりませんが、交渉《こうしょう》はなんとか進《すす》んでおるとのことです」

赤根《あかね》に対《たい》する反感《はんかん》がどことなくにじみ出《で》ているが、藩政府《はんせいふ》との和解《わかい》にかすかな望《のぞ》みを託《たく》しているようにも見《み》えた。

「狂介《きょうすけ》、兵《へい》を挙《あ》げよう。賛成《さんせい》してくれるであろうな」

「ただちに挙兵《きょへい》ですか」

「猶予《ゆうよ》してはおれん」

「時機《じき》ちゅうものがあるでしょう」

「いまがその時機《じき》ではないのか」

「そうとも思《おも》えませんな」

晋作《しんさく》と狂介《きょうすけ》が押《お》し問答《もんどう》しているところに、赤根《あかね》がのっそりとすがたをあらわした。萩《はぎ》から帰《かえ》ってきたところだという。

「高杉《たかすぎ》さんは、俗論党打倒《ぞくろんとうだ》のため兵《へい》を挙《あ》げようというちょられる」

と、狂介《きょうすけ》は訴《うった》えるような口調《くちょう》で赤根《あかね》を見《み》た。赤根《あかね》は返事《へんじ》をしない。

「いまをおいて、ふたたび起《た》つときはない。考《かんが》えたうえでの決心《けっしん》だ」

晋作《しんさく》は赤根《あかね》をにらみつけた。

「暴論《ぼうろん》です」

赤根《あかね》は端正《たんせい》な表情《ひょうじょう》をくずさず、つぶやくようにいう。背丈《せたけ》も晋作《しんさく》より三寸《ずん》ばかり高《たか》い。

「暴論《ぼうろん》、結構《けっこう》ではないか。この危機《きき》を脱《だっ》する方法《ほうほう》がほかにあるちゅうのか」

「萩《はぎ》には二千人《せんにん》の家臣《かしん》が俗論政府《ぞくろんせいふ》の支配下《しはいか》におりますぞ。強精《きょうせい》を誇《ほこ》る藩兵《はんぺい》をむこうにまわして戦《たたか》うとなれば、まず準備《じゅんび》が必要《ひつよう》です」

「準備《じゅんび》などするひまがあるか。奇兵隊《きへいたい》が決起《けっき》すれば、諸隊《しょたい》は呼応《こおう》する。武器《ぶき》もあるではないか。互角《ごかく》に戦《たたか》える。いや、蹴散《けち》らしてくれる」

「むこうは武士《ぶし》ですよ。諸隊《しょたい》の半数《はんすう》は農民《のうみん》あがりの隊士《たいし》です」

「奇兵隊《きへいたい》は頼《たよ》りにならんちゅうのか。おぬしも奇兵隊結成《きへいたいけっせい》の時《とき》、先頭《せんとう》に立《た》って尽力《じんりょく》した人間《にんげん》ではないか。敗《やぶ》れたとはいえ、外国《がいこく》の軍隊《ぐんたい》とも戦《たたか》った勇士《ゆうし》の集《あつ》まりだ」

「それはそうですが」

赤根《あかね》は目《め》を伏《ふ》せた。奇兵隊《きへいたい》が連合艦隊《れんごうかんたい》と戦《たたか》ったときは、赤根《あかね》が指揮《しき》をとった。彼自身《かれじしん》の勇敢《ゆうかん》なはたらきも晋作《しんさく》は耳《みみ》にしていた。

イギリス公使館焼《こうしかんや》き打《う》ち以来《いらい》の同志《どうし》でもある赤根《あかね》が、いまになって尻《しり》ごみするのかと晋《しん》作《さく》は腹立《はらだ》たしくてならない。それに松下村塾《しょうかそんじゅく》の同窓《どうそう》である山県狂介《やまがたきょうすけ》までが、彼《かれ》と口《くち》をそろえて反対《はんたい》の立場《たちば》をとっているのだ。

「高杉《たかすぎ》さん、仮《かり》に藩兵《はんぺい》と対等《たいとう》に戦《たたか》って、諸隊《しょたい》が萩《はぎ》に攻《せ》めこめば、そこには藩主《はんしゅ》がおわします。藩主《はんしゅ》に弓《ゆみ》をひくことになりますぞ。臣下《しんか》のなすべきことではないでしょう」

と、赤根《あかね》が諭《さと》すようにいうと、晋作《しんさく》は口《くち》を歪《ゆが》めて薄笑《うすわら》いを浮《う》かべた。人《ひと》を小《こ》ばかにしたときのクセだ。

「僕《ぼく》は、毛利譜代《もうりふだい》の臣《しん》だ。君《きみ》からいわれるまでもなく、そのくらいのことは心得《こころえ》ておる。君側《くんそく》の奸《かん》(殿様《とのさま》のそばにいる悪者《わるもの》)をのぞくために萩《はぎ》を攻《せ》めるのだ。藩公《はんこう》もわかってくださる」

「即刻《そっこく》の挙兵《きょへい》ではなく、時《とき》を待《ま》って、別《べつ》に藩論回復《はんろんかいふく》の方法《ほうほう》を考《かんが》えてみようではありませんか」

「どんな方法《ほうほう》がある」

「諸隊解散命令《しょたいかいさんめいれい》を撤回《てっかい》するように藩政府《はんせいふ》とも交渉《こうしょう》しております。待《ま》っているうちには、なんらかの機会《きかい》がありましょう」

「寝《ね》ぼけたことをぬかすな」

晋作《しんさく》がどなると、赤根《あかね》は黙《だま》って部屋《へや》を出《で》て行《い》こうとする。

「逃《に》げるな、赤根《あかね》。まだ話《はなし》はすんでおらん」

「あんたと話《はな》し合《あ》っても無駄《むだ》だ」

いいのこして赤根武人《あかねたけと》は、すがたをけしてしまった。

「赤根武人《あかねたけと》のごとき大島郡《おおしまぐん》の土百姓《どびゃくしょう》になにがわかるか。僕《ぼく》は毛利《もうり》の臣《しん》だ。武士《ぶし》の戦《たたか》うべき時《とき》は、いまだと心得《こころえ》ちょる。どうだ諸君《しょくん》、ともに起《た》ちあがり俗論党《ぞくろんとう》を討《う》とうではないか」

いつのまにかあつまってきて、さきほどからの赤根《あかね》との論争《ろんそう》をそばで聞《き》いていた参謀《さんぼう》の福田俠平《ふくだきょうへい》ら奇兵隊幹部《きへいたいかんぶ》にむかって晋作《しんさく》は呼《よ》びかけた。彼《かれ》らはぼんやり立《た》っているだけで、だれも答《こた》えない。

一里《り》行《い》けば一里《り》の忠《ちゅう》

「狂介《きょうすけ》、いっしょに決起《けっき》しよう」

晋作《しんさく》にいわれて、山県《やまがた》は迷惑《めいわく》そうに目《め》をそらした。

「このまま推移《すいい》してみろ。これまでの長州《ちょうしゅう》の努力《どりょく》は水《みず》の泡《あわ》だ。長州《ちょうしゅう》は滅亡《めつぼう》の危機《きき》に瀕《ひん》しておる。これまでの多《おお》くの同志《どうし》の死《し》を無駄《むだ》にしてよいのか。正義《せいぎ》はかならず回復《かいふく》する。回天《かいてん》の暴挙《ぼうきょ》に力《ちから》をそえてもらいたい」

必死《ひっし》に晋作《しんさく》は説《と》くのだが、みんな黙秘《もくひ》したままだった。晋作《しんさく》が生《う》み出《だ》した奇兵隊《きへいたい》が、無《む》気力《きりょく》に居坐《いすわ》り、戦《たたか》おうともしないのだ。他《た》の諸隊《しょたい》はともかく奇兵隊《きへいたい》だけはという晋作《しんさく》の期《き》待《たい》は完全《かんぜん》に裏《うら》ぎられてしまった。

「もし諸君《しょくん》が赤根《あかね》の言《げん》にのせられて僕《ぼく》の説《せつ》を容《い》れてくれぬのなら、もう望《のぞ》むことはない。ただ従来《じゅうらい》のよしみに免《めん》じて一頭《いっとう》の馬《うま》を貸《か》してくれ。それに打《う》ち乗《の》って萩《はぎ》へ駈《か》け、城門《じょうもん》をたたいて藩公《はんこう》（殿様《とのさま》）に直接訴《ちょくせつうった》えよう。もしわが言《げん》をお用《もち》いにならぬのなら、腹《はら》かきり一《いっ》死《し》をもってお諫《いさ》めするのみだ。いまや、一里行《りい》けば一里《り》の忠《ちゅう》、二里行《りい》けば二里《り》の義《ぎ》を尽《つ》くす時《とき》である」

晋作《しんさく》は目《め》をうるませて、しゃべりつづけた。

「僕《ぼく》は一足先《ひとあしさき》に死《し》のう。諸君《しょくん》が僕《ぼく》の屍《かばね》を越《こ》えて進発《しんぱつ》する日《ひ》を待《ま》っておるぞ！」

人《ひと》まえでこれだけの熱弁《ねつべん》を晋作《しんさく》がふるうのを、伊藤俊輔《いとうしゅんすけ》ははじめて見《み》た。そして自分《じぶん》もその晋作《しんさく》の言葉《ことば》に深《ふか》い感動《かんどう》を覚《おぼ》えていたのだ。

しかしそれでもやはり奇兵隊《きへいたい》の者《もの》は、うごこうとしない。

晋作《しんさく》の希望《きぼう》にそって馬《うま》だけは一頭《いっとう》、狂介《きょうすけ》が出《だ》してくれた。ほんとうにそれに乗《の》って萩《はぎ》に行《い》くつもりらしい。

「高杉《たかすぎ》さん、はやまってはいけません」

俊輔《しゅんすけ》が馬《うま》のくつわをとって、晋作《しんさく》をおさえた。

「これから諸隊《しょたい》にあたってみようではありませんか。それでもだめなら、萩《はぎ》に乗《の》りこみましょう」

「おぬしは僕《ぼく》についてきてくれるのだな」

「江戸《えど》のころから、あんたについて行《い》ったじゃないか。僕《ぼく》の命《いのち》は、高杉晋作《たかすぎしんさく》にあずけてある」

「よくいうてくれた」

「戦《たたか》えるのは奇兵隊《きへいたい》だけではありませんよ。いかほどの戦力《せんりょく》になるかはわかりませんが、力士隊《りきしたい》は決起《けっき》に参加《さんか》する。高杉《たかすぎ》さんといっしょに死《し》にましょう」

「わが同志《どうし》は、俊輔《しゅんすけ》だけだ」

「水《みず》くさいことをいわないでもらいたい。僕《ぼく》も松陰先生《しょういんせんせい》の門下生《もんかせい》です」

俊輔《しゅんすけ》が、悲壮《ひそう》な覚悟《かくご》を満面《まんめん》に浮《う》かべていった。

吉田松陰《よしだしょういん》はかつて伊藤《いとう》のことを「将来周旋家《しょうらいしゅうせんか》になりそうな」といったことがある。その政治家《せいじか》むきの気質《きしつ》を見《み》ぬいた言葉《ことば》だった。

それは人々《ひとびと》のあいだをうまく立《た》ちまわるという意味《いみ》もあって、松陰自身《しょういんじしん》はどちらかといえば、そうした型《かた》の人間《にんげん》を好《す》きではないが、それぞれの個性《こせい》を重《おも》んじる教育者《きょういくしゃ》だったから、好悪《こうお》の感情《かんじょう》は表《おもて》にあらわさなかった。

ひたすらその才能《さいのう》を好《この》ましい方向《ほうこう》にのばしていけばよいと、松陰《しょういん》は考《かんが》えて若《わか》い俊輔《しゅんすけ》を指《し》導《どう》した。

しかし俊輔《しゅんすけ》も、高杉《たかすぎ》が決死《けっし》の行動《こうどう》をおこそうとしているこのときばかりは、うまく立《た》ちまわる周旋家《しゅうせんか》ではなかったのだ。晋作《しんさく》が日《ひ》ごろ横柄《おうへい》な口《くち》ぶりで、自分《じぶん》をアゴの先《さき》で使《つか》うように見《み》えながら、それとなく人柄《ひとがら》を愛《あい》してくれることを、俊輔《しゅんすけ》はひそかに感謝《かんしゃ》し、松下村塾《しょうかそんじゅく》での先輩《せんぱい》に畏敬《いけい》の念《ねん》を抱《いだ》いてきた。

この人《ひと》とならいっしょに死《し》ねると、このとき思《おも》ったのだ。

後年《こうねん》、伊藤《いとう》が初代内閣総理大臣《しょだいないかくそうりだいじん》となったのは、たしかに松陰《しょういん》のいう「周旋家《しゅうせんか》」の才《さい》によるものではあったが、ここというとき、命《いのち》を賭《か》けるという心延《こころば》えもまた大政治家《だいせいじか》となるために必要《ひつよう》な資質《ししつ》だった。

晋作《しんさく》も同様《どうよう》である。「生《い》きて大業《たいぎょう》をなす見《み》こみあれば、いつまでも生《い》きるべし」と松陰《しょういん》から教《おし》えられた死生観《しせいかん》に従《したが》ってきた。勝《か》ち目《め》のない黒船《くろふね》との戦《たたか》いで命《いのち》をおとすのを犬死《いぬじ》にとして、攘夷戦《じょういせん》には参加《さんか》しなかった。

他人《たにん》の目《め》には、とかく逃《に》げ歩《ある》いていた晋作《しんさく》が、ようやく死《し》に場所《ばしょ》を発見《はっけん》したのだ。彼《かれ》が歴史《れきし》に名《な》をとどめ得《え》たのは、決死《けっし》の行動《こうどう》を敢行《かんこう》したからにほかならなかった。

「俊輔《しゅんすけ》のいうとおりかもしれん。他《た》の隊《たい》をあたってみよう」

それから晋作《しんさく》は、俊輔《しゅんすけ》とともに諸隊《しょたい》をひとまわりしたが、答《こた》えは申《もう》しあわせたように、「時期尚早《じきしょうそう》」である。

「どいつもこいつも口裏《くちうら》をあわせやがって」

晋作《しんさく》はひどく疲《つか》れをおぼえていた。

「高杉《たかすぎ》さん、力士隊《りきしたい》だけではいけませんかのう」

「力士隊《りきしたい》は何人《なんにん》だ」

「四十人《じゅうにん》です」

「まず、萩藩《はぎはん》の新地会所《しんちかいしょ》を襲《おそ》って軍資金《ぐんしきん》と食糧《しょくりょう》を奪《うば》い、下関《しものせき》の町《まち》を制圧《せいあつ》する。ここに割拠《かっきょ》して藩内《はんない》に正義回復《せいぎかいふく》の号令《ごうれい》を発《はっ》するのだ。さらに進《すす》んで萩《はぎ》をめざし、俗論党《ぞくろんとう》に戦《たたか》いをいどむ。その戦場《せんじょう》こそが天王山《てんのうざん》だ」

「なるほど」

と、俊輔《しゅんすけ》は腕《うで》を組《く》んだ。

「まずそのために最低百人《さいていひゃくにん》はほしい。新地会所《しんちかいしょ》を襲《おそ》うだけの兵力《へいりょく》を持《も》てば、下関《しものせき》を手中《しゅちゅう》にできる。下関《しものせき》は藩内最大《はんないさいだい》の港町《みなとまち》だ。諸国《しょこく》につうじ大商人《だいしょうにん》もあつまっておる。彼《かれ》らを味方《みかた》にひきいれ、下関《しものせき》を拠点《きょてん》にすることによって、俗論政府《ぞくろんせいふ》に対抗《たいこう》できるわけだ。そのうちには藩内《はんない》の有志《ゆうし》も起《た》ちあがってくれるだろう」

「起《た》ちあがってくれますかな」

「奇《き》兵隊《へいたい》も、いまは迷《まよ》うちょるが、まわりがそうなれば腰《こし》をあげるにちがいない」

「あげなければ？」

「斬《き》り死《じ》にするまでだ」

「おもしろいではないですか。では、ほかに百人《ひゃくにん》ばかりを、あつめてくればよいのでしょう」

「できるのなら、やってみい」

「とうぶんは、この伊藤《いとう》におまかせください」

ここで周旋家《しゅうせんか》の出番《でばん》となる。俊輔《しゅんすけ》は一計《いっけい》を思《おも》いついたようだった。

はかりごと

十二月《がつ》になり、小雪《こゆき》まじりの寒《さむ》い日《ひ》がつづく。晋作《しんさく》は、軽《かる》い咳《せき》をしながら白石邸《しらいしてい》の一室《いっしつ》でからだを休《やす》めている。

「河豚《ふぐ》を肴《さかな》に熱燗《あつかん》で一杯《いっぱい》やれば、風邪《かぜ》など吹《ふ》っ飛《と》ぶ」

そんなことをいっては、昼夜《ちゅうや》となく酒《さけ》を飲《の》んでいるから、休養《きゅうよう》にもならない。

「だいじょうぶでございますか」

と、正一郎《しょういちろう》がたずねると

「心配《しんぱい》ご無用《むよう》に願《ねが》いたい」と声《こえ》だけは元気《げんき》そうだが、この疲労感《ひろうかん》は、風邪《かぜ》ばかりではなさそうだった。

酒《さけ》で気力《きりょく》をささえている。せっかく福岡《ふくおか》から帰《かえ》ってきながら、挙兵《きょへい》の計画《けいかく》が思《おも》うとおりにはこばない焦燥《しょうそう》を酔《よ》いでごまかしているようでもあった。

伊藤俊輔《いとうしゅんすけ》はどこを飛《と》びまわっているのか、この数日《すうじつ》、すがたを見《み》せなかった。彼《かれ》のほうもうまくいっていないのだろう。

六日《むいか》の夕刻《ゆうこく》になって、やっとあらわれた。

「遊撃隊《ゆうげきたい》の石川《いしかわ》がいっしょにやろうと承知《しょうち》してくれましたよ」

「ほう、遊撃隊《ゆうげきたい》が、うごいてくれるか」

晋作《しんさく》は急《きゅう》に目《め》を輝《かがや》かした。

遊撃隊《ゆうげきたい》は、最初来島又兵衛《さいしょくるしままたべえ》によって組織《そしき》された諸隊《しょたい》で、猟師《りょうし》をあつめた鉄砲隊《てっぽうたい》だった。この当時《とうじ》は顔《かお》ぶれも猟師《りょうし》ばかりではなく、陪臣《ばいしん》や農民《のうみん》もくわわっており、百人《ひゃくにん》ばかりが気《き》勢《せい》をあげている。総督《そうとく》は石川安四郎《いしかわやすしろう》だった。

ひとつだけのこっていた遊撃隊《ゆうげきたい》の本陣《ほんじん》を探《さが》しあてて、口説《くど》きに行《い》ったのだという。そこが俊輔《しゅんすけ》の強靭《きょうじん》にしてねばり強《つよ》いところだ。

「やはり、いうてみんといかんなあ」

「奇兵隊《きへいたい》も起《た》つから、いっしょにやろうとさそいました」

「だましたのか」

「起《た》つであろうというたのです。まあそれだけの手段《しゅだん》は尽《つ》くしておるのですから、だましたわけではありません。細工《さいく》は流々《りゅうりゅう》というやつですよ。石川総督《いしかわそうとく》がまもなく、ここへやってきます」

俊輔《しゅんすけ》がいい終《お》わらないうちに、安四郎《やすしろう》があらわれた。晋作《しんさく》よりひとつ年下《としした》の萩藩士《はぎはんし》である。

「われわれが蜂起《ほうき》したとして、新地会所《しんちかいしょ》を襲《おそ》うくらいはわけもないことだが、伊藤《いとう》がいうように、ほんとうに奇兵隊《きへいたい》は起《た》ちあがるのでしょうな」

やってきた安四郎《やすしろう》が、さっそく念《ねん》をおす。

「奇兵隊《きへいたい》は、いまのところ駄目《だめ》だ」

晋作《しんさく》は吐《は》きすてるように答《こた》えた。

「なに？　それは話《はなし》がちがうではないか」

奇兵隊《きへいたい》が駄目《だめ》だと晋作《しんさく》が正直《しょうじき》にいったので、石川安四郎《いしかわやすしろう》は俊輔《しゅんすけ》をにらみつけた。

「だいじょうぶだ。手《て》はうってある」

俊輔《しゅんすけ》は、おちついている。

「どのような手《て》をうったのだ」

これは晋作《しんさく》がたずねた。

「赤根《あかね》は逃《に》げた。脱走《だっそう》したのですよ。あいつがいなくなれば、奇兵隊《きへいたい》は起《た》つ」

「ほう、赤根《あかね》が逃《に》げたのか」

晋作《しんさく》と安《やす》四《し》郎《ろう》が同時《どうじ》にいった。

「臆病風《おくびょうかぜ》を吹《ふ》かせて出《で》て行《い》ったのだ」

「おぬしが画策《かくさく》したのか」

「赤根《あかね》は軍監《ぐんかん》の山県《やまがた》と仲《なか》がよくなかったので、内紛《ないふん》ですよ」

と、とぼけながら俊輔《しゅんすけ》は赤根《あかね》脱走《だっそう》のいきさつを説明《せつめい》した。

「狂介《きょうすけ》と謀《はか》って、ちょっと仕《し》掛《か》けてやりましたよ」

晋作《しんさく》と奇《き》兵隊《へいたい》に行《い》った翌日《よくじつ》、俊輔《しゅんすけ》は赤根《あかね》武人《たけと》から下関《しものせき》の料亭《りょうてい》に呼《よ》び出《だ》された。山県《やまがた》も、いっしょだった。

赤根《あかね》は俗論《ぞくろん》政府《せいふ》との和解《わかい》について熱心《ねっしん》に説明《せつめい》したあと、

「高杉《たかすぎ》はいつも暴論《ぼうろん》をとなえて独走《どくそう》するばかりではないか。われわれと行動《こうどう》をともにできる男《おとこ》ではない」

と、ひとくさり晋作《しんさく》の批《ひ》判《はん》をぶちあげた。

「赤根《あかね》武人《たけと》のごとき大島《おおしま》の土百姓《どびゃくしょう》に、なにがわかるか」と晋作《しんさく》から罵《ば》倒《とう》されたことを、よほど腹《はら》に据《す》えかねているようだった。

赤根《あかね》と別《わか》れたあとで、

「奇《き》兵隊《へいたい》の創始者《そうししゃ》たる高杉《たかすぎ》さんをあのように罵《ののし》るとはけしからんではないか」

と俊輔《しゅんすけ》は山県《やまがた》をけしかけた。

「うむ、許《ゆる》せん」

「弾劾《だんがい》すべし」

俊輔《しゅんすけ》はさらに息《いき》まいた。山県《やまがた》と赤根《あかね》のあいだがうまくいっていないことを知《し》っているので、このさいとばかり煽動《せんどう》したのである。

たちまち赤根《あかね》の高杉批判《たかすぎひはん》は尾《お》ヒレがついて、隊士《たいし》のあいだにひろがった。奇兵隊士《きへいたいし》たちにとって、晋作《しんさく》は神様《かみさま》のような存在《そんざい》である。

「赤根武人《あかねたけと》を斬《き》る」

と、いきまく者《もの》もあらわれ、身《み》の危険《きけん》を察《さっ》して赤根《あかね》は脱走《だっそう》した。

「邪魔《じゃま》な赤根《あかね》がいなくなったのは、狂介《きょうすけ》にとって思《おも》うつぼですよ。そこを狙《ねら》ってやりました。奇《き》兵隊《へいたい》を決起《けっき》させるためにはこの手《て》しかないと思《おも》いましてな」

俊輔《しゅんすけ》はニヤリと笑《わら》った。

「あのときの口《くち》ぶりでは、狂介《きょうすけ》もうごきそうになかったではないか」

「しかしこうなれば隊士《たいし》たちが承知《しょうち》しない。突《つ》きあげられて、出動《しゅつどう》の号令《ごうれい》を出《だ》さざるを得《え》ないでしょう」

「まあ、あてにせず待《ま》つとするか」

「高杉《たかすぎ》さん、ひとつだけご忠告《ちゅうこく》したいことがあります。大島《おおしま》の土百姓《どびゃくしょう》になにがわかると赤《あか》根《ね》を罵《ののし》られたのは、あれはまずい。諸隊《しょたい》の半数《はんすう》は百姓《ひゃくしょう》ですからな」

俊輔《しゅんすけ》が急《きゅう》にあらたまっていった。

「……」

四民平等《しみんびょうどう》をとなえて奇兵隊《きへいたい》を結成《けっせい》した晋作《しんさく》は、一方《いっぽう》で強烈《きょうれつ》な武士意識《ぶしいしき》を抱《いだ》いている。俊《しゅん》輔《すけ》はこのころ士分《しぶん》にとり立《た》てられてはいるが、足軽《あしがる》という下層出身者《かそうしゅつしんしゃ》としての屈折《くっせつ》した思《おも》いはある。

俊輔《しゅんすけ》から矛盾《むじゅん》を衝《つ》かれて返《かえ》す言葉《ことば》はないが、晋作《しんさく》のその誇《ほこ》り高《たか》い意識《いしき》と独断専行的《どくだんせんこうてき》な行《こう》動力《どうりょく》が発揮《はっき》されようとしている時《とき》でもあった。

雪《ゆき》の夜《よる》の決起《けっき》

高杉晋作《たかすぎしんさく》と伊藤俊輔《いとうしゅんすけ》、遊撃隊《ゆうげきたい》の総督《そうとく》・石川安四郎《いしかわやすしろう》が密談《みつだん》しているところに、佐世八十郎《させやそろう》（前原一誠《まえはらいっせい》）があらわれた。やはり松下村塾《しょうかそんじゅく》の同窓《どうそう》である彼《かれ》は、このとき三十一歳《さい》。志士《しし》のなかでは年長組《ねんちょうぐみ》で、一見茫洋《いっけんぼうよう》とした顔《かお》つきだか、熱血漢《ねっけつかん》だ。

馬関総奉行《ばかんそうぶぎょう》の補佐《ほさ》を命《めい》じられていたが、俗論政府《ぞくろんせいふ》になってすぐ罷免《ひめん》された。遊撃隊《ゆうげきたい》に身《み》をよせていたので、安四郎《やすしろう》が晋作《しんさく》のところに行《い》ったと知《し》って追《お》いかけてきたらしい。

「晋作《しんさく》と暴《あば》れるのは、イギリス公使館焼《こうしかんや》き打《う》ち以来《いらい》だな。いつやる」

と、八十郎《やそろう》が気短《きみじか》そうにたずねた。

「十日後《とおかご》、十二月十五日夜《にちよる》。赤穂義士討《あこうぎしう》ち入《い》りの日《ひ》だ」

すかさず晋作《しんさく》が答《こた》えた。

重大《じゅうだい》な行動《こうどう》を開始《かいし》するにあたって赤穂義士《あこうぎし》を想起《そうき》したのは、かつて吉田松陰《よしだしょういん》もそうだった。江戸藩邸《えどはんてい》から脱藩《だっぱん》して東北旅行《とうほくりょこう》に出《で》かけたとき、赤穂義士《あこうぎし》にちなんで泉岳寺《せんがくじ》を出発点《しゅっぱってん》として十二月十五日《にち》と決《き》めたのは有名《ゆうめい》な話《はなし》である。師《し》松陰《しょういん》にもあやかるつもりで、事《こと》を起《お》こすのならその日《ひ》だと、晋作《しんさく》はすでに心《こころ》に決《き》めていたのだ。

「われわれは義士《ぎし》となろう。私兵《しへい》ではないことを功山寺《こうざんじ》におられる公家《くげ》さんたちに述《の》べ、その後《うし》ろ楯《だて》による義挙《ぎきょ》であることを天下《てんか》に示《しめ》さなければならん。くわしい段取《だんど》りは三日後《みっかご》に相談《そうだん》する」

勤王派《きんのうは》の公家《くげ》が京都《きょうと》から長州藩《ちょうしゅうはん》にやってきたのを「七卿落《しちきょうお》ち」という。そのなかの三条《さんじょう》実美《さねとみ》ら五人《にん》が、長府《ちょうふ》（下関市《しものせきし》）にかくれていたのだ。天皇《てんのう》に直結《ちょっけつ》するこの公家《くげ》さんたちからはげまされて決起《けっき》したとなれば、大義名分《たいぎめいぶん》(行動《こうどう》の理由《りゆう》づけとなるはっきりした根拠《こんきょ》)は立《た》つ。

元治《げんじ》元《がん》(一八六四)年《ねん》十二月《がつ》十五日夕刻《にちゆうこく》、晋作《しんさく》は長府《ちょうふ》の功山寺《こうざんじ》の近《ちか》くにある遊撃隊《ゆうげきたい》の本営《ほんえい》江月庵《こうげつあん》にむかった。遊撃隊《ゆうげきたい》・力士隊《りきしたい》をひきいた石川安四郎《いしかわやすしろう》、伊藤俊輔《いとうしゅんすけ》・佐世八十郎《させやそろう》も顔《かお》をそろえている。

功山寺《こうざんじ》は長府毛利《ちょうふもうり》の菩提所《ぼだいしょ》である。

前日《ぜんじつ》から寒気《かんき》はいちだんとくわわった。翌日《よくじつ》は朝《あさ》からの大雪《おおゆき》で、夕方《ゆうがた》になって降《ふ》りやんだが、長府城下《ちょうふじょうか》はすっぽりと白一色《しろいっしょく》に覆《おお》われ、静《しず》まりかえっていた。

いくらかは予想《よそう》していたが、無謀《むぼう》な挙兵《きょへい》をあやぶみ、逃亡《とうぼう》した者《もの》がいる。それは遊撃隊《ゆうげきたい》だけでなく、俊輔《しゅんすけ》がひきいる力士隊《りきしたい》でも逃《に》げた者《もの》がいて、結局《けっきょく》あつまったのは両隊合《りょうたいあ》わせて八十人《にん》ばかりだった。

これで俗論軍《ぞくろんぐん》二千人《せんにん》と戦《たたか》うのだと知《し》って、逃《に》げ出《だ》す者《もの》がいても仕方《しかた》がない。

「やっぱり奇兵隊《きへいたい》は、こんなあ」

と、石川安四郎《いしかわやすしろう》がつぶやいている。

「ぎりぎりには駆《か》けつけてくるよ」

俊輔《しゅんすけ》がなぐさめ顔《かお》で、彼《かれ》の肩《かた》をたたいた。

「もう気休《きやす》めをいうのはやめろ。おぬしの口車《くちぐるま》にのせられてうごいたとあっては拙者《せっしゃ》の士道《しどう》がすたるのでいうておくが、こうなれば奇兵隊《きへいたい》なんぞどうでもよい。戦《たたか》って狂《くる》い死《じ》にしてやる。なあ高杉《たかすぎ》さん、そうしよう」

と、安四郎《やすしろう》は晋作《しんさく》にむきなおった。

「そうじゃ。その覚悟《かくご》でやろう。まあこの高杉《たかすぎ》が起《た》ちあがったと聞《き》けば、おそまきながら歩調《ほちょう》をあわせてくる者《もの》がおるかもしれんが、一《いち》か八《ばち》かの賭《か》けだな」

そんなことを話《はな》しているうちに日《ひ》が暮《く》れた。江月庵《こうげつあん》の住職《じゅうしょく》が出《だ》してくれた酒《さけ》をみんなで汲《く》みかわしながら、夜《よる》のふけるのを待《ま》つ。

俊輔《しゅんすけ》はしきりに外《そと》を気《き》にし、門前《もんぜん》に出《で》て気配《けはい》を窺《うかが》ったりもした。奇兵隊《きへいたい》の来援《らいえん》をまだあきらめきれなかった。しかしついに奇兵隊《きへいたい》はすがたをあらわさなかった。

晋作《しんさく》は無言《むごん》で用意《ようい》した具足《ぐそく》を手《て》ばやく身《み》にまとい、愛用《あいよう》の桃実兜《ももざねかぶと》は、かぶらずに背中《せなか》に吊《つる》した。

一行《いっこう》は隊列《たいれつ》をととのえ、降《ふ》り積《つ》もった雪《ゆき》を踏《ふ》んで江月庵《こうげつあん》から功山寺《こうざんじ》に走《はし》った。石段《いしだん》を伝《つた》い山門《さんもん》をくぐって、本堂《ほんどう》のまえに全員《ぜんいん》がならぶ。晋作《しんさく》・俊輔《しゅんすけ》・安四郎《やすしろう》・八十郎《やそろう》の四人《にん》は庫《く》裏《り》にまわった。

「三条卿《さんじょうきょう》に目《め》どおり願《ねが》いたい」

戸《と》をたたいて、晋作《しんさく》が甲高《かんだか》く叫《さけ》んだ。

あらわれた三条実美《さんじょうさねとみ》に、

「これより長州男児《ちょうしゅうだんじ》の胆《きも》っ玉《たま》をお目《め》にかけます！」

と、あいさつした晋作《しんさく》らは、雪《ゆき》をかぶった功山寺《こうざんじ》の石段《いしだん》を駆《か》け降《お》りた。俊輔《しゅんすけ》らがそれにつづく。

「馬《うま》ひけ！」

晋作《しんさく》がどなると、力士隊《りきしたい》のひとりがあずかっていた馬《うま》の手綱《たづな》をひいてきた。それに飛《と》び乗《の》る。

功山寺《こうざんじ》門前《もんぜん》から西《にし》に通《つう》ずる山陽道《さんようどう》、土地《とち》の人《ひと》が野久留米《のくるめ》街道《かいどう》と呼《よ》んでいる一本道《いっぽんみち》を駆《か》けて、下関《しものせき》の新地《しんち》をめざすつもりである。新地《しんち》にある萩藩《はぎはん》の会所《かいしょ》を襲《おそ》って軍資金《ぐんしきん》、兵糧《ひょうろう》を奪《うば》う計画《けいかく》だ。

雲間《くもま》にかくれていた満月《まんげつ》が顔《かお》を出《だ》し、しらじらと雪景色《ゆきげしき》を浮《う》かびあがらせた。

そこにいる者《もの》は依然《いぜん》として八十人足《にんた》らずである。

「ぼつぼつ行《い》くか」

晋作《しんさく》が先頭《せんとう》に立《た》って発進《はっしん》を号令《ごうれい》しようと、高《たか》くムチをふりあげたとたん、ひとりの男《おとこ》が走《はし》って、馬《うま》のまえにすわりこんだ。奇兵隊参謀《きへいたいさんぼう》の福田俠平《ふくだきょうへい》である。

「高杉《たかすぎ》さん、今日《きょう》だけはおとどまり願《ねが》いたい」

彼《かれ》は大声《おおごえ》をあげて、進路《しんろ》をさえぎる。晋作《しんさく》はふりあげたムチをおろした。隊士《たいし》をひきつれてこないばかりか、行《ゆ》く手《て》をさまたげようとする俠平《きょうへい》に、一瞬怒《いっしゅんいか》りを感《かん》じたが、この男《おとこ》も血《ち》まつりにあげられるかもしれない危険《きけん》をおかして駆《か》けつけてきたのである。

「孤立《こりつ》した一隊《いったい》で挙兵《きょへい》しても犬死《いぬじに》だ。こんなことで死《し》んでもよいのですか、高杉《たかすぎ》さん」

晋作《しんさく》は答《こた》えない。

「高杉総督《たかすぎそうとく》、お進《すす》みになったらよろしかろう」

最後尾《さいこうび》で大砲《たいほう》をひっぱっていた遊撃隊《ゆうげきたい》の森健蔵《もりけんぞう》が野太《のぶと》い声《こえ》でどなった。

「進《すす》めえ！」

はじかれたように晋作《しんさく》は号令《ごうれい》すると同時《どうじ》に、馬《うま》にムチをあてた。侠平《きょうへい》が大手《おおて》をひろげて立《た》ちあがったので、馬《うま》はおどろいて棹立《さおだ》ちとなり、高《たか》くいなないた。晋作《しんさく》は手綱《たづな》をまわし、侠平《きょうへい》を避《さ》けて進《すす》む。

血気《けっき》の若者《わかもの》八十人《にん》は、師走《しわす》の月明《つきあ》かりを浴《あ》び、深《ふか》い雪《ゆき》を踏《ふ》みしだきながら、野久留米街《のくるめかい》道《どう》を西《にし》に駆《か》けた。

倒幕《とうばく》の藩論回復《はんろんかいふく》

功山寺《こうざんじ》を出発《しゅっぱつ》した一行《いっこう》は、ただちに下関新地《しものせきしんち》にあった藩《はん》の会所《かいしょ》を襲撃《しゅうげき》する。

やがて同調《どうちょう》する諸隊《しょたい》があらわれ、ためらっていた奇兵隊《きへいたい》も、すこし遅《おく》れて参戦《さんせん》した。期待《きたい》したとおりになった。

しかしあてにしていたほどの金穀《きんこく》（金《かね》や食糧《しょくりょう》）が会所《かいしょ》にはなかったので、決起軍《けっきぐん》は軍資金《ぐんしきん》を調達《ちょうたつ》しなければならない。

「ちょっと頼《たの》んでみましょう」

と、伊藤俊輔《いとうしゅんすけ》は力士隊《りきしたい》の隊士《たいし》をつれて出《で》ていったが、しばらくして帰《かえ》ったときには、千両《せんりょう》箱《ばこ》をかついだ力士《りきし》ふたりをつれていた。下関《しものせき》の大商人《だいしょうにん》・入江和作《いりえわさく》から二千両《せんりょう》を借《か》りてきたのだ。

萩《はぎ》の政府《せいふ》は、人《ひと》・馬《うま》・米《こめ》・銀《ぎん》などを諸隊《しょたい》に提供《ていきょう》した者《もの》は厳罰《げんばつ》に処《しょ》すと藩内《はんない》に布《ふ》令《れ》した。

ところが逆《ぎゃく》に吉《よ》敷郡《しきぐん》（山口市周辺《やまぐちししゅうへん》）の豪農商《ごうのうしょう》たちは軍資金《ぐんしきん》を出《だ》し、それに農民《のうみん》で結成《けっせい》した民兵組織《みんぺいそしき》「鴻城軍《こうじょうぐん》」が、決起軍《けっきぐん》に呼応《こおう》して起《た》ちあがった。

反対派《はんたいは》に襲《おそ》われて重傷《じゅうしょう》を負《お》った井上聞多《いのうえもんた》は、たくましい生命力《せいめいりょく》によって全快《ぜんかい》し、鴻城軍《こうじょうぐん》の指導者《しどうしゃ》として、はやくも第一線《だいいっせん》に立《た》った。

決起軍《けっきぐん》はたちまち三千人《ぜんにん》の大勢力《だいせいりょく》となり、俗論党《ぞくろんとう》と呼《よ》ばれる二千人《せんにん》の武士団《ぶしだん》を圧倒《あっとう》して、高杉晋作《たかすぎしんさく》らが死《し》を賭《か》けて敢行《かんこう》した功山寺決起《こうざんじけっき》は見事《みごと》に成功《せいこう》、長州藩《ちょうしゅうはん》は倒幕《とうばく》の藩論《はんろん》を回復《かいふく》した。

顔《かお》じゅうに痛々《いたいた》しい傷跡《きずあと》をのこす聞多《もんた》が、下関《しものせき》で俊輔《しゅんすけ》と会《あ》ったのは、慶応元《けいおうがん》(一八六五)年《ねん》三月《がつ》のことである。たがいに死線《しせん》を越《こ》えての再会《さいかい》だった。

「やることはやった。だがこれからが大仕事《おおしごと》だね、聞多《もんた》さん」

「周旋屋《しゅうせんや》の俊輔《しゅんすけ》、こんどは国《くに》を相手《あいて》の大周旋《だいしゅうせん》だぞ」

「もうすこし生《い》きのこって、いっしょに仕事《しごと》しよう」

ふたりが会話《かいわ》をはずませる大仕事《おおしごと》とは、幕府《ばくふ》との戦争《せんそう》である。

第二次長州征伐《だいじちょうしゅうせいばつ》の幕軍《ばくぐん》が、出動《しゅつどう》の準備《じゅんび》をはじめている。幕府《ばくふ》との対決《たいけつ》を覚悟《かくご》した長州藩《ちょうしゅうはん》にとって、のるかそるかの局面《きょくめん》が近《ちか》づいていた。

そのころ出石《いずし》にひそんでいた桂小五郎《かつらこごろう》が木戸準一郎《きどじゅんいちろう》と改名《かいめい》して長州《ちょうしゅう》にもどり、ふたたび指導者の地位につき、洋式軍事知識の大家・村田蔵六あらため大村益次郎の指導による長州藩《しゅうはん》の武装《ぶそう》が着々《ちゃくちゃく》と進《すす》んでいた。

「いつでも、こい」の態勢《たいせい》がとどのいつつあった。

晋作《しんさく》の見果《みは》てぬ夢《ゆめ》

そんなころになって、高杉晋作《たかすぎしんさく》が海外《かいがい》に出《で》かけたいといい出《だ》したのだ。

「俊輔《しゅんすけ》、洋行《ようこう》したい」

「洋行《ようこう》ですと？　こんな時《とき》にですか」

「そうじゃ」

「どこへです」

「ヨーロッパだ。おぬしらはロンドンの土《つち》を踏《ふ》んできたが、僕《ぼく》は清国《しんこく》の上海《シャンハイ》しか知《し》らん。ヨーロッパは松陰先生《しょういんせんせい》も行《い》こうとして果《は》たされなかった。身代《みが》わりとなって夢《ゆめ》をかなえてさしあげたいと、以前《いぜん》から考《かんが》えちょった。なんとかしろ」

「……」

思《おも》いつめた晋作《しんさく》のようすを見《み》て、俊輔《しゅんすけ》はおどろいたり、こまったりといった顔《かお》をした。すがたをあらわした井上聞多《いのうえもんた》に相談《そうだん》する。聞多《もんた》は吉富藤兵衛《よしとみとうべえ》（簡一《かんいち》）が起《お》こした鴻城軍《こうじょうぐん》の手《て》で井上家《いのうえけ》の座《ざ》敷牢《しきろう》からひき出《だ》され、決起軍《けっきぐん》に参加《さんか》していた。あれほどの傷《きず》を負《お》いながら半年足《はんとした》らずのうちに復帰《ふっき》している。強靭《きょうじん》な生命力《せいめいりょく》である。

「考《かんが》えあってのことだろう。行《い》かしてやろう」

傷《きず》の痕《あと》もなまなましい頬《ほお》を歪《ゆが》めて、聞多《もんた》は笑《わら》った。なにをいい出《だ》すかわからないわがままな晋作《しんさく》を、しばらく遠《とお》ざけておくのもよいという肚《はら》づもりもあり、藩《はん》に申《もう》し出《で》て許可《きょか》をとったのは、三月二十四日《がっか》だった。

「時勢探索《じせいたんさく》、英国修行《えいこくしゅぎょう》」の名目《めいもく》で、晋作《しんさく》はヨーロッパに行《い》くことになった。

旅費《りょひ》五百両《ひゃくりょう》をうけとり、長崎《ながさき》にむかう。

「高杉《たかすぎ》さん、からだはだいじょうぶですか」

俊輔《しゅんすけ》は時々軽《ときどきかる》い咳《せき》をしている晋作《しんさく》に話《はな》しかけた。

「風邪《かぜ》をこじらせておるだけだ」

さりげなくいいながら、おくびにも出《だ》さないが、そのとき晋作《しんさく》の胸《むね》の底《そこ》にただよっているのは、孤独《こどく》な思《おも》いである。

新《あたら》しく編成《へんせい》された長州藩《ちょうしゅうはん》の軍事組織《ぐんじそしき》は、山県狂介《やまがたきょうすけ》らが牛耳《ぎゅうじ》って、晋作《しんさく》はなんとなく口《くち》を封《ふう》じられてしまった。いつもわがままに独断専行《どくだんせんこう》してきた彼《かれ》にとって、そんな群《む》れのなかで行動《こうどう》するつもりはない。突然《とつぜん》の洋行《ようこう》を思《おも》い立《た》ったおもな理由《りゆう》はそれなのだが、他人《たにん》はまた晋作《しんさく》の気《き》まぐれとしか見《み》ていない。

――僕《ぼく》はひとりで新《あたら》しい天地《てんち》を見《み》てきてやる。

晋作《しんさく》は気《け》だるい体《からだ》をはげまして、出航地《しゅっこうち》の長崎《ながさき》にやってきた。このときすでに肺結核《はいけっかく》の症状《しょうじょう》があらわれていたのだが、本人《ほんにん》も俊輔《しゅんすけ》もまだ気《き》づいていない。

長崎《ながさき》で貿易事業《ぼうえきじぎょう》をしているトーマス・グラバーは、髭《ひげ》を生《は》やした背《せ》の高《たか》いイギリス人《じん》である。スコットランドの出身《しゅっしん》で、晋作《しんさく》より、ひとつ年上《としうえ》の二十八歳《さい》。これは日本流《にほんりゅう》の数《かぞ》え年《どし》だ。

上海《シャンハイ》を経《へ》て来日《らいにち》したのは安政《あんせい》四(一八五七)年《ねん》というから、俊輔《しゅんすけ》が松下村塾《しょうかそんじゅく》で学《まな》んでいるころ、つまり十七歳《さい》の時《とき》には、長崎《ながさき》で貿易《ぼうえき》の仕事《しごと》をはじめていた。

長崎《ながさき》にグラバー商会《しょうかい》を開設《かいせつ》して、西日本《にしにほん》の各藩《かくはん》に小銃《しょうじゅう》や軍艦《ぐんかん》などを売《う》りさばいた武器商《ぶきしょう》人《にん》として知《し》られるが、むろん武器《ぶき》だけではなく、一般商品《いっぱんしょうひん》の輸出入《ゆしゅつにゅう》もあつかった。

牛肉《ぎゅうにく》の販売《はんばい》、製茶場《せいちゃじょう》の経営《けいえい》から、大浦海岸《おおうらかいがん》に鉄道《てつどう》を走《はし》らせるなど手広《てびろ》く活躍《かつやく》している。

長崎《ながさき》で海援隊《かいえんたい》を組織《そしき》した坂本竜馬《さかもとりょうま》とも親交《しんこう》があり、やがて薩長連合《さっちょうれんごう》を側面《そくめん》から協力《きょうりょく》したただひとりの外国人《がいこくじん》である。

イギリスは薩英戦争《さつえいせんそう》の結果《けっか》、薩摩《さつま》と親密《しんみつ》になり、また関門海峡《かんもんかいきょう》での攘夷戦《じょういせん》のあとには、長州藩《ちょうしゅうはん》とも手《て》をむすんだ。

つまりフランスは幕府《ばくふ》を応援《おうえん》し、イギリスは薩長《さっちょう》の後《うし》ろ楯《だて》となった。これが幕末日本《ばくまつにほん》の対外関係《たいがいかんけい》の図式《ずしき》で、ヨーロッパでの英仏対立《えいふつたいりつ》がそのまま持《も》ちこまれたかたちとなった。

伊藤俊輔《いとうしゅんすけ》や井上聞多《いのうえもんた》らが横浜《よこはま》で、渡欧計画《とおうけいかく》を練《ね》っているとき、たまたまグラバーがその地《ち》にきていて、密航《みっこう》に手《て》を貸《か》してくれた。俊輔《しゅんすけ》とはそれ以来《いらい》のつきあいである。

「伊藤《いとう》さん、長州藩《ちょうしゅうはん》はたいへんでしたね。もうかたづきましたか」

グラバーは流暢《りゅうちょう》な日本語《にほんご》でいった。くわしい情報《じょうほう》をすでに入手《にゅうしゅ》しているのだろう。

「もう、われわれの天下《てんか》ですよ」

俊輔《しゅんすけ》が胸《むね》をはる。

「幕府《ばくふ》と戦争《せんそう》になるのでしょう」

「その覚悟《かくご》です」

「しっかりやってください。その人《ひと》はだれです」

と、グラバーは晋作《しんさく》を見《み》た。

「この高杉《たかすぎ》さんが、長州《ちょうしゅう》の俗論政府《ぞくろんせいふ》を倒《たお》した戦《たたか》いの最高指揮官《さいこうしきかん》です」

「おお、ワンダフル」

グラバーは勢《いきお》いよく手《て》をさしのべて晋作《しんさく》と握手《あくしゅ》した。

「じつはミスター・グラバーにお願《ねが》いがあってやってきました」

俊輔《しゅんすけ》は晋作《しんさく》の渡欧《とおう》に便宜《べんぎ》をはかってもらえないかと、用件《ようけん》をきり出《だ》した。

「いますぐにですか」

「そうです」

「これから幕府《ばくふ》との戦争《せんそう》がはじまるというとき、どうしてですか」

と、グラバーはびっくりして、碧《あお》い目《め》をむきながらいった。

「のんびり外国《がいこく》を旅行《りょこう》しているような時《とき》ではないでしょう。幕府《ばくふ》の軍隊《ぐんたい》と戦《たたか》う準備《じゅんび》をしなければいけないのではありませんか」

「あとは、この伊藤君《いとうくん》らがちゃんとやってくれる。僕《ぼく》ひとりいなくなっても構《かま》わんのですよ」

晋作《しんさく》はむっとして、日本人《にほんじん》のことに口《くち》をはさまず、こっちが頼《たの》むことだけをやってくれればよいのだとばかりグラバーをにらみ返《かえ》した。

「それは無責任《むせきにん》というものですね。そのような人《ひと》のお世話《せわ》はできませせぬ」

グラバーがいうとおりだった。個人的《こじんてき》な理由《りゆう》はともかく、この時期《じき》に晋作《しんさく》が長州《ちょうしゅう》を離《はな》れる手《て》はない。

晋作《しんさく》もようやくあきらめて、俊輔《しゅんすけ》とともに下関《しものせき》にもどった。

「高杉《たかすぎ》さん、約束《やくそく》する。いずれおちついたら、かならずヨーロッパに送《おく》り出《だ》してあげますよ」

俊輔《しゅんすけ》はなぐさめ顔《がお》でいったが、晋作《しんさく》のヨーロッパ旅行《りょこう》は、見果《みは》てぬ夢《ゆめ》となる。彼《かれ》は対幕《たいばく》戦《せん》という最後《さいご》の大仕事《おおしごと》をやりあげたのち、血《ち》を吐《は》いて起《お》きあがれなくなった。

勤王《きんのう》の尼僧《にそう》・野村望東《のむらぼうとう》が見舞《みま》いにおとずれたとき、晋作《しんさく》は筆《ふで》をとって和歌《わか》の上句《かみく》を詠《よ》んだ。

「どうでありましょう、尼殿《あまどの》。あとの句《く》をつけてくださらんか」

「どれどれ、おもしろきこともなき世《よ》をおもしろく、でございますか。おもしろきこともなき世《よ》をおもしろく……すみなすものは心《こころ》なりけり、ではいかがでしょう」

「すみなすものは心《こころ》、か。なるほどおもしろいのう」

と、晋作《しんさく》は満足《まんぞく》げにゆっくり頷《うなず》いた。

晋作《しんさく》は少年《しょうねん》のころ詩人《しじん》になる夢《ゆめ》をえがいた。あまりからだがじょうぶでなかった彼《かれ》は武《ぶ》人《じん》になるよりは、そのほうが長生《ながい》きできたうえに、もしかしたら文名《ぶんめい》をとどろかせていたのかもしれない。

激動《げきどう》する時代《じだい》が、晋作《しんさく》を別《べつ》の道《みち》にひきいれてしまった。「おもしろきこともなき世《よ》を」というひそかな不幸感《ふこうかん》を胸《むね》の底《そこ》によどませながらも戦闘者《せんとうしゃ》として力走《りきそう》し、自己《じこ》を燃焼《ねんしょう》させることがせめて晋作《しんさく》にとっての「おもしろく」生《い》きることだった。

かたときも詩心《ししん》はすてなかった。江戸《えど》や東北《とうほく》、京都《きょうと》、九州《きゅうしゅう》と駆《か》けめぐるあいだに書《か》きとめた漢詩《かんし》は、四百《ひゃく》にも達《たっ》している。手製《てせい》の詩集《ししゅう》を病床《びょうしょう》で編《あ》もうとしたが「胸痛《きょうつう》」のために遅々《ちち》として進《すす》まず、それも未完《みかん》のまま終《お》わりそうだった。

「おもしろきこともなき世《よ》をおもしろく」は、その詩集《ししゅう》の巻末《かんまつ》にくわえられるべき晋作《しんさく》の辞世《じせい》であった。

慶応《けいおう》三（一八六七）年《ねん》四月《がつ》十四日《か》の早暁《そうぎょう》、晋作《しんさく》は眠《ねむ》るように息《いき》をひきとった。将軍徳川慶喜《しょうぐんとくがわよしのぶ》が大政奉還《たいせいほうかん》を乞《こ》う半年《はんとし》まえ、目前《もくぜん》にした維新《いしん》の夜明《よあ》けを見《み》ずに二十九歳《さい》の生涯《しょうがい》を閉《と》じたのである。俊輔《しゅんすけ》は大事《だいじ》な友《とも》をうしなった。

夜明《よあ》け

慶応元《けいおうがん》（一八六五）年《ねん》七月《がつ》、伊藤俊輔《いとうしゅんすけ》は「国政方御内用役《こくせいがたごないようやく》」に任《にん》じられ、下関駐在《しものせきちゅうざい》を命《めい》じられた。役目《やくめ》は兵器《へいき》の調達係《ちょうたつがかり》である。幕軍《ばくぐん》と戦《たたか》うためには、強力《きょうりょく》な軍備《ぐんび》をととのえなければならないのだ。

坂本竜馬《さかもとりょうま》の仲介《ちゅうかい》で、長州藩《ちょうしゅうはん》は大量《たいりょう》の武器《ぶき》を長崎《ながさき》のグラバーから買《か》いはじめた。下関《しものせき》と長《なが》崎《さき》のあいだを往復《おうふく》して、軍艦《ぐんかん》・大砲《たいほう》・小銃《しょうじゅう》など外国製《がいこくせい》の新《あたら》しい兵器《へいき》を買《か》いあさるのが俊輔《しゅんすけ》の仕事《しごと》だった。

その年《とし》八月《がつ》二十六日《にち》、俊輔《しゅんすけ》は軍艦《ぐんかん》三隻《せき》をひきつれて、下関《しものせき》に帰《かえ》ってきた。一隻《いっせき》は購入《こうにゅう》したものだが、あと二隻《せき》は薩摩《さつま》から借《か》りた軍艦胡蝶丸《ぐんかんこちょうまる》と海門丸《かいもんまる》である。軍艦《ぐんかん》には、新式《しんしき》のミニエー銃《じゅう》四千《せん》三百挺《びゃくちょう》、ゲベール銃《じゅう》三千挺《ぜんちょう》が分載《ぶんさい》されていた。軍艦《ぐんかん》と小銃《しょうじゅう》あわせて、十三万《まん》一千百両《いっせんひゃくりょう》の買物《かいもの》である。

つづいてミニエー銃千《じゅうせん》八百挺《ぴゃくちょう》、銃剣《じゅうけん》二千本《せんぼん》が下関港《しものせきこう》に陸揚《りくあ》げされる。その後《ご》も新式小《しんしきしょう》銃《じゅう》やアームストロング砲《ほう》などが次々《つぎつぎ》とはいってきた。長州藩《ちょうしゅうはん》は、まるで武器庫《ぶきこ》のようなものだった。

これを使《つか》った洋式《ようしき》の軍事《ぐんじ》訓練《くんれん》が大村益次郎《おおむらますじろう》によって進《すす》められていく。慶応元年《けいおうがんねん》の末《すえ》ごろには、幕軍迎撃《ばくぐんげいげき》の準備《じゅんび》はすべてととのった。

武器《ぶき》の購入《こうにゅう》は薩摩《さつま》の名義《めいぎ》によるものである。坂本竜馬《さかもとりょうま》による薩長和解《さっちょうわかい》の工作《こうさく》は、そのような根《ね》まわしもおこなわれて、急速《きゅうそく》に進展《しんてん》した。

そしてついに、慶応《けいおう》二(一八六六)年《ねん》一月《がつ》、薩長秘密軍事同盟《さっちょうひみつぐんじどうめい》は成立《せいりつ》した。巨大《きょだい》なふたつの車輪《しゃりん》が、東《ひがし》にむかって大地《だいち》をころがりはじめようとしていた。薩長連合《さっちょうれんごう》は、幕末《ばくまつ》の政情《せいじょう》をいっきに旋回《せんかい》させたのである。

長州再征《ちょうしゅうさいせい》の令《れい》を発《はっ》して、一年《ねん》二カ月後《げつご》の慶応《けいおう》二年《ねん》六月七日《がつなのか》、幕府《ばくふ》は長州攻撃《ちょうしゅうこうげき》の火《ひ》ぶたをきった。

幕軍《ばくぐん》は、芸州口《げいしゅうぐち》(広島県《ひろしまけん》)、大島口《おおしまぐち》(山口県大島郡《やまぐちけんおおしまぐん》)、九州口《きゅうしゅうぐち》(福岡県小倉《ふくおかけんこくら》)、石州口《せきしゅうぐち》(島《しま》根県《ねけん》)の四方面《しほうめん》から長州《ちょうしゅう》を包囲《ほうい》し、一挙《いっきょ》に藩内《はんない》に攻《せ》めこもうという作戦《さくせん》を立《た》てた。海陸《かいりく》の国境《こっきょう》四カ所《しょ》で戦《たたか》ったので、長州《ちょうしゅう》ではこれを「四境戦争《しきょうせんそう》」という。

幕府《ばくふ》の大軍《たいぐん》に対《たい》して、迎《むか》え撃《う》つ長州軍《ちょうしゅうぐん》は十分《ぶん》の一にも達《たっ》しないほどの少数《しょうすう》だった。しかし俊輔《しゅんすけ》が走《はし》りまわって買《か》いあつめた新式《しんしき》の小銃《しょうじゅう》を装備《そうび》し、洋式訓練《ようしきくんれん》で鍛《きた》えあげて近代的《きんだいてき》な軍隊《ぐんたい》に育《そだ》った長州軍《ちょうしゅうぐん》は、終始優勢《しゅうしゅうせい》に戦《たたか》いを進《すす》め、幕軍《ばくぐん》を撃退《げきたい》した。

長州軍《ちょうしゅうぐん》の勝利《しょうり》を見《み》て薩摩軍《さつまぐん》も起《た》ちあがる。薩長両軍《さっちょうりょうぐん》は電撃的《でんげきてき》に東《ひがし》へ進《すす》んで、慶応《けいおう》四（一八六八・明治《めいじ》元《がん》）年《ねん》、一月《がつ》の鳥《と》羽《ば》・伏見《ふしみ》の戦《たたか》いから、日本列島《にほんれっとう》を縦断《じゅうだん》する倒幕掃討戦《とうばくそうとうせん》の戊辰《ぼしん》戦争《せんそう》を経《へ》て、明治《めいじ》二年《ねん》九月《がつ》の箱館五稜郭《はこだてごりょうかく》にたてこもった旧幕軍《きゅうばくぐん》の降伏《こうふく》によって、幕末動乱《ばくまつどうらん》の幕《まく》をおろした。

日本国《にほんこく》は封建《ほうけん》の暗《くら》く長《なが》いトンネルをぬけて、夜明《よあ》けをむかえた。

明治《めいじ》元《がん》（一八六八）年、俊輔《しゅんすけ》は外国事務掛《がいこくじむがかり》を命《めい》じられ、新政府《しんせいふ》の参与職《さんよしょく》、つづいて新政府《しんせいふ》の要職《ようしょく》として定《さだ》められた「徴士《ちょうし》」（各藩《かくはん》から藩士《はんし》や、才能《さいのう》のある者《もの》を太政官《だいじょうかん》に召《め》し出《だ》し、朝《ちょう》廷《てい》の用《よう》をつとめさせた）となる。

翌年《よくねん》、大阪府判事兼外国官判事《おおさかふはんじけんがいこくかんはんじ》となり、さらに従五位《じゅごい》の官位《かんい》を授《さず》けられ、大蔵少輔兼民《おおくらしょうゆうけんみん》部少《ぶのしょう》に任《にん》ぜられた。従五位《じゅごい》といえば、幕藩時代《ばくはんじだい》五万石《まんごく》クラスの大名《だいみょう》が朝廷《ちょうてい》からもらった官《かん》位《い》だ。

明治《めいじ》三（一八七〇）年閏《ねんうるう》十月《がつ》、これまでの功労《こうろう》に対《たい》して、位階《いかい》二等《とう》二昇《しょう》（位《くらい》が二階級《かいきゅう》あがる）して、従四位《じゅしい》となったとき三十歳《さい》、名《な》を博文《ひろぶみ》とあらためた。

以後《いご》「伊藤博文《いとうひろぶみ》」が初代内閣総理大臣《しょだいないかくそうりだいじん》となるまでのおよそ五年間《ねんかん》、吉田松陰《よしだしょういん》が予言《よげん》した周旋家《しゅうせんか》の活躍《かつやく》がはじまる。

第三章
我輩ハ日本ノ伊藤デアル

日《ひ》の丸演説《まるえんぜつ》

明治《めいじ》四(一八七一)年《ねん》十一月《がつ》十二日朝《にちあさ》の横浜港《よこはまこう》。
舷側《げんそく》にとりつけた大《おお》きな水車《すいしゃ》のようなる外輪《がいりん》の底《そこ》を
無風《むふう》の海面《かいめん》に浸《ひた》して、
煙突《えんとつ》からさかんな黒煙《こくえん》を吐《は》いている
三本《ぼん》マストの巨船《きよせん》。
横浜《よこはま》とアメリカ合衆国《がっしゅうこく》サンフランシスコのあいだを往復《おうふく》する
太平洋航路《たいへいようこうろ》の郵船《ゆうせん》アメリカ号《ごう》(四五〇〇トン)である。
日本《にほん》ではまだ飛脚船《ひきゃくせん》と呼《よ》んでいた。

その日《ひ》、伊藤博文《いとうひろぶみ》はアメリカ号《ごう》の船客《せんきゃく》だった。
岩倉具視《いわくらともみ》を特命全権大使《とくめいぜんけんたいし》とする使節団《しせつだん》四十六人《にん》。
ほかに留学生《りゅうがくせい》五十人《にん》。
あわせて約百人《やくひゃくにん》の日本人《にほんじん》が乗《の》っている。
留学生《りゅうがくせい》は欧米各国《おうべいかっこく》に分散《ぶんさん》して、
数年間《すうねんかん》の勉学《べんがく》にはげんだのち、新知識《しんちしき》として
そうだ、あの日《ひ》、博文《ひろぶみ》らが誓《ちか》ったように、
「生《い》キタル器械《きかい》」として、帰国《きこく》することになっている。

二世紀半《せいきはん》にわたる鎖国時代《さこくじだい》をすごした日本人《にほんじん》にとって、
欧米《おうべい》は気《き》の遠《とお》くなるような遠《とお》い国々《くにぐに》だった。
文明開化《ぶんめいかいか》の尖兵《せんぺい》として、

そこへおもむく岩倉使節団《いわくらしせつだん》と留学生《りゅうがくせい》は、
不安《ふあん》に顔《かお》をこわばらせ、また使命感《しめいかん》に胸《むね》をふるわせながら、
太平洋《たいへいよう》を渡《わた》る豪華船《ごうかせん》アメリカ号《ごう》の客《きゃく》となった。

船《ふね》がうごきだすと十九発《はつ》の祝砲《しゅくほう》、
そして岸壁《がんぺき》にならぶおびただしい見送人《みおくりにん》の歓声《かんせい》がどよめいた。

大使《たいし》　岩倉具視《いわくらともみ》（右大臣《うだいじん》）
副使《ふくし》　木戸孝允《きどたかよし》（参議《さんぎ》）
〃　大久保利通《おおくぼとしみち》（大蔵卿《おおくらきょう》）
〃　伊藤博文《いとうひろぶみ》（工部大輔《こうぶだいゆう》）
〃　山口尚芳《やまぐちなおよし》（外務少輔《がいむしょうゆう》）

太政大臣《だじょうだいじん》からしめされた使節団《しせつだん》の使命《しめい》は
「文明最盛《ぶんめいさいせい》の国《くに》の状況《じょうきょう》を観察《かんさつ》し、
その方法《ほうほう》を研究講習《けんきゅうこうしゅう》して、帰国後《きこくご》の実務《じつむ》に役立《やくだ》てよ」
というのである。
幕府《ばくふ》が崩壊《ほうかい》してまもなく、
現役政府《げんえきせいふ》がそのまま大移動《だいいどう》する
空前絶後《くうぜんぜつご》の長期海外視察《ちょうきかいがいしさつ》だ。
残留組《ざんりゅうぐみ》は「留守政府《るすせいふ》」と呼《よ》ばれた。
維新後《いしんご》、はやくもはじまった
薩長《さっちょう》を両極《りょうきょく》とする藩閥《はんばつ》の対立《たいりつ》、
権力闘争《けんりょくとうそう》の火《ひ》ダネをのこしたままではあったが、
彼《かれ》らがめざすのは

欧米《おうべい》の先進文明吸収《せんしんぶんめいきゅうしゅう》と新《あたら》しい国家像《こっかぞう》の模索《もさく》である。

議事院《ぎじいん》・司法《しほう》・会計局《かいけいきょく》・租税《そぜい》・保険《ほけん》・貿易《ぼうえき》・電線《でんせん》・郵便《ゆうびん》
諸工作場《しょこうさくじょう》の方法《ほうほう》・学校《がっこう》・陸海軍《りくかいぐん》の情況《じょうきょう》その他《た》、
目標《もくひょう》は五十項目《こうもく》を超《こ》えている。

つまり国政《こくせい》の機構《きこう》をはじめ
産業経済《さんぎょうけいざい》、教育機関《きょういくきかん》、軍事組織《ぐんじそしき》など
近代国家《きんだいこっか》をそっくり移植《いしょく》しようというほどの
意気《いき》ごみだった。

船中《せんちゅう》で太陽暦《たいようれき》一八七二年《ねん》の正月《しょうがつ》を迎《むか》えた一行《いっこう》は、
一月《がつ》十五日《にち》(旧暦《きゅうれき》十二月七日《がつなのか》)朝《あさ》、

サンフランシスコに着《つ》いた。
サンフランシスコ湾《わん》の入口《いりぐち》をかこむ
ふたつの岬《みさき》の輪郭《りんかく》が影絵《かげえ》となり、
海面《かいめん》に朝日《あさひ》をうけて燦然《さんぜん》とかがやく
金門《きんもん》（ゴールデンゲート）の
華麗《かれい》な風景《ふうけい》が眼前《がんぜん》にひろがっている。
吉田松陰《よしだしょういん》が海外密航《かいがいみっこう》をくわだてて
投獄《とうごく》されてから十七年後《ねんご》である。
幕府《ばくふ》の暗愚《あんぐ》を激《はげ》しく攻撃《こうげき》して
ついに処刑《しょけい》された松陰《しょういん》の見果《みは》てぬ夢《ゆめ》を、
いま自分《じぶん》がかわって実現《じつげん》しているのだという感慨《かんがい》が
伊藤博文《いとうひろぶみ》の胸《むね》にあふれた。

まえには密航《みっこう》したロンドンで一度《いちど》その感慨《かんがい》を味《あじ》わったが、
留学途中《りゅうがくとちゅう》で帰国《きこく》した。
そして二度目《どめ》は堂々《どうどう》と胸《むね》をはって
サンフランシスコに乗《の》りこんだのだ。

モンゴメリー街《がい》のグランドホテルは
石造《いしづく》り五階建《かいだ》てで、
三百人《びゃくにん》が一度《いちど》に食事《しょくじ》できる大食堂《だいしょくどう》があり、
浴場《よくじょう》・理《り》髪店《はってん》・玉突場《たまつきじょう》があり、
酒《さけ》・果物《くだもの》・衣類《いるい》の売店《ばいてん》もある一階《いっかい》の床《ゆか》は
大理石《だいりせき》が敷《し》きつめられ、
よく磨《みが》いてあるので靴《くつ》がすべりそうだった。

二階《かい》から上《うえ》は客室《きゃくしつ》で、ルームナンバーは三百《びゃく》におよび、
人《ひと》はうごく箱《はこ》（エレベーター）で昇降《しょうこう》した。

上陸《じょうりく》 八日目《ようかめ》の夜《よる》、
カリフォルニア州知事《しゅうちじ》、市長《しちょう》、
陸海軍将官《りくかいぐんしょうかん》はじめ三百人《びゃくにん》の紳士淑女《しんししゅくじょ》が
このホテルにあつまって、
盛大《せいだい》な岩倉使節団《いわくらしせつだん》の歓迎会《かんげいかい》が催《もよお》された。
日章旗《にっしょうき》と星条旗《せいじょうき》を交差《こうさ》して飾《かざ》ったステージで
双方合《そうほうあ》わせ十五人《にん》のスピーチが行《おこな》われ、
岩倉大使《いわくらたいし》につづいて
副使《ふくし》の伊藤博文《いとうひろぶみ》が英語《えいご》による演説《えんぜつ》をした。

実際《じっさい》に役立《やくだ》つ知識《ちしき》を選《えら》んで吸収《きゅうしゅう》し、
先進諸国《せんしんしょこく》の文明《ぶんめい》とおなじ
水準《すいじゅん》をめざすというわれわれの目的《もくてき》は、
はやい時期《じき》に達成《たっせい》されるだろう。
わが国旗《こっき》の中央《ちゅうおう》にある赤《あか》い丸形《まるがた》は、
もはや国《くに》に閉《と》じこもる封蠟《ふうろう》のようには
決《けっ》して見《み》えないであろう。
将来《しょうらい》はその本来《ほんらい》の意匠《いしょう》たる
昇《のぼ》る朝日《あさひ》の尊厳《そんげん》を示《しめ》す徽章《きしょう》となり、
世界《せかい》における文明諸国《ぶんめいしょこく》と肩《かた》をならべる
わが国旗《こっき》の中《なか》の旭日《きょくじつ》は、
前方《ぜんぽう》に、

かつ上方《じょうほう》に
うごこうとしている——。

藩閥抗争《はんばつこうそう》と士族反乱《しぞくはんらん》

欧米巡歴《おうべいじゅんれき》から帰《かえ》ってきた使節団《しせつだん》を待《ま》っていたのは、藩閥抗争《はんばつこうそう》の黒《くろ》い渦《うず》だった。大久保利通《おおくぼとしみち》（薩摩《さつま》）・木戸孝允《きどたかよし》（長州《ちょうしゅう》）・伊藤博文《いとうひろぶみ》（長州《ちょうしゅう》）ら薩長《さつちょう》の実力者《じつりょくしゃ》が、二年近《ねんちか》くも欧米《おうべい》に出《で》かけているあいだ国政《こくせい》をあずかった人々《ひとびと》を「留守政府《るすせいふ》」といった。

薩摩《さつま》（鹿児島《かごしま》）の西郷隆盛《さいごうたかもり》
土佐《とさ》（高知《こうち》）の板垣退助《いたがきたいすけ》
土佐《とさ》（高知《こうち》）の後藤象二郎《ごとうしょうじろう》
肥前《ひぜん》（佐賀《さが》）の大隈重信《おおくましげのぶ》
肥前《ひぜん》（佐賀《さが》）の大木喬任《おおきたかとう》
肥前《ひぜん》（佐賀《さが》）の江藤新平《えとうしんぺい》

といった顔《かお》ぶれである。トップには西郷隆盛《さいごうたかもり》が祭《まつ》りあげられているが、じっさいには土《と》佐《さ》・肥《ひ》前出身《ぜんしゅっしん》の大物《おおもの》が中心《ちゅうしん》となっている。

帰《かえ》ってきた使節団《しせつだん》の薩長派《さっちょうは》は、留守政府《るすせいふ》からすわる椅子《いす》を奪《うば》われていることに気《き》づいた。彼《かれ》らは「内閣《ないかく》」を新設《しんせつ》し、参議《さんぎ》の権限《けんげん》を大幅《おおはば》に増大《ぞうだい》して、薩長派《さっちょうは》の影《かげ》はうすくなっている。

藩閥《はんばつ》の権力抗争《けんりょくこうそう》がかたちになってあらわれたのが「征韓論《せいかんろん》」だ。留守政府《るすせいふ》は鎖国《さこく》して日本《にほん》との交流《こうりゅう》をこばんでいる韓国《かんこく》に武力《ぶりょく》で迫《せま》ろうとする方針《ほうしん》をかためていた。

西郷隆盛《さいごうたかもり》が大使《たいし》として韓国《かんこく》に行《い》き、交渉《こうしょう》が決裂《けつれつ》し西郷《さいごう》が殺《ころ》されれば宣戦《せんせん》を布告《ふこく》しようという馬鹿《ばか》げた話《はなし》が進《すす》んでいた。

「いまは内治優先《ないじゆうせん》（国内《こくない》の政治《せいじ》を先《さき》に進《すす》める）で、外国《がいこく》とのことは後回《あとまわ》しだ」

薩長閥《さっちょうばつ》の帰国組《きこくぐみ》は、欧米《おうべい》を回覧《かいらん》した結果《けっか》、日本《にほん》は国内政治《こくないせいじ》に専心《せんしん》し、国力《こくりょく》を充実《じゅうじつ》させることがたいせつとの結論《けつろん》に達《たっ》し、結束《けっそく》して征韓論《せいかんろん》に反対《はんたい》した。

大久保《おおくぼ》は長州閥《ちょうしゅうばつ》の木戸孝允《きどたかよし》・伊藤博文《いとうひろぶみ》らと手《て》をむすんで、巧妙《こうみょう》な策略《さくりゃく》によって、征韓論《せいかんろん》をたたきつぶし、一気《いっき》に実権《じっけん》を留守政府派《るすせいふは》の手《て》から奪《うば》いとった。

西郷《さいごう》は参議《さんぎ》を辞職《じしょく》して鹿児島《かごしま》に帰《かえ》り、おもだった薩摩出身《さつましゅっしん》の人々《ひとびと》が職《しょく》を辞任《じにん》し西郷《さいごう》について帰国《きこく》する。征韓論推進派《せいかんろんすいしんは》の先頭《せんとう》に立《た》った西郷隆盛《さいごうたかもり》と、盟友大久保利通《めいゆうおおくぼとしみち》との亀裂《きれつ》がはじまるのは、この時《とき》からだった。

ともにたすけあい、誓《ちか》いあって、幕府《ばくふ》と戦《たたか》ってきた親友《しんゆう》が、敵味方《てきみかた》の道《みち》へ別《わか》れていくのも、あとへひき返《かえ》せないふたりの運命《うんめい》としかいいようがない。西郷《さいごう》は自分《じぶん》を慕《した》う薩摩《さつま》の若《わか》きサムライたちに命《いのち》をあずけて走《はし》り出《だ》したのだ。

江藤新平《えとうしんぺい》ら征韓論《せいかんろん》にやぶれた人々《ひとびと》もいっせいに政府《せいふ》を離《はな》れた。

これが「明治《めいじ》六(一八七三)年《ねん》の政変《せいへん》」である。

そんなことがあってから、西日本一帯《にしにほんいったい》での反政府《はんせいふ》の不穏《ふおん》なうごきがはじまる。士族反乱《しぞくはんらん》である。

特権《とっけん》をうしなったサムライたちの不服《ふふく》、それとは別《べつ》に新政府《しんせいふ》の弱者《じゃくしゃ》きりすてや洋化政策《ようかせいさく》(西洋文明《せいようぶんめい》をならう政策《せいさく》)への反感《はんかん》、不満《ふまん》その他《た》が一度《いちど》に噴《ふ》きあげたのだった。

佐賀《さが》に帰《かえ》った江藤新平《えとうしんぺい》による「佐賀《さが》の乱《らん》」を皮切《かわき》りに、山口県《やまぐちけん》や九州各地《きゅうしゅうかくち》の反乱《はんらん》がつづき、最後《さいご》に明治《めいじ》十(一八七七)年《ねん》の大規模《だいきぼ》な士族反乱《しぞくはんらん》「西南戦争《せいなんせんそう》」に突入《とつにゅう》した。

西郷隆盛《さいごうたかもり》を盟主《めいしゅ》におし立《た》てた鹿児島士族《かごしましぞく》の反乱《はんらん》は、戊辰戦争《ぼしんせんそう》以来《いらい》の内戦状況《ないせんじょうきょう》をくりひろげた。西郷軍《さいごうぐん》が死《し》に場所《ばしょ》と決《き》めて立《た》て籠《こ》もった城山《しろやま》の総攻撃《そうこうげき》は、九月《がつ》二十四日午前《ごぜん》三時《じ》からはじまった。

流《なが》れ弾《だま》が太股《ふともも》に命中《めいちゅう》し、歩行不能《ほこうふのう》となった西郷《さいごう》は、その場《ば》で切腹《せっぷく》した。介錯《かいしゃく》した別府晋《べっぷしん》介《すけ》をはじめ、桐野利秋《きりのとしあき》、村田新八《むらたしんはち》・池上四郎《いけがみしろう》らがそれを追《お》って自殺《じさつ》した。将来《しょうらい》、日本《にほん》を背《せ》負《お》っていくはずだった逸材《いつざい》（すぐれた人物《じんぶつ》）たちばかりだ。

政府軍《せいふぐん》の戦死者《せんししゃ》千《せん》二百《ひゃく》七十八人《にん》、負傷者《ふしょうしゃ》九千《せん》五百《ひゃく》二十三人《にん》。西郷軍《さいごうぐん》の死傷者《ししょうしゃ》は二万人《まんにん》を超《こ》えるとみられ、そのうえ、戦後《せんご》に二千《せん》七百《ひゃく》六十四人《にん》が処刑《しょけい》されている。最後《さいご》にして最《さい》大規模《だいきぼ》の士族反乱《しぞくはんらん》は終決《しゅうけつ》した。

主役《しゅやく》の座《ざ》

明治《めいじ》十（一八七七）年《ねん》の西南戦争《せいなんせんそう》で西郷隆盛《さいごうたかもり》がすがたをけした。その戦争中《せんそうちゅう》、桂小五郎《かつらこごろう》こと木戸孝允《きどたかよし》が病死《びょうし》した。翌年《よくねん》四月《がつ》には、敵《てき》にまわった盟友西郷《めいゆうさいごう》を滅《ほろ》ぼした大久保利通《おおくぼとしみち》が、東京紀尾井坂《とうきょうきおいざか》で暗殺《あんさつ》された。

木戸孝允《きどたかよし》　四十五歳《さい》
大久保利通《おおくぼとしみち》　四十九歳《さい》
西郷隆盛《さいごうたかもり》　五十一歳《さい》

「維新《いしん》の三傑《けつ》」といわれるこれらの人物《じんぶつ》が、おなじ時期《じき》にいなくなった。歴史《れきし》の舞台《ぶたい》が大《おお》きく暗転《あんてん》することを、はからずも象徴《しょうちょう》する三人《にん》の死《し》だった。

大物《おおもの》の陰《かげ》で見《み》えかくれしていた維新《いしん》の第《だい》二世代《せだい》といわれる人々《ひとびと》が、主役《しゅやく》として登場《とうじょう》する時代《じだい》がやってきた。

なかでもめざましく活躍《かつやく》したのは、吉田松陰《よしだしょういん》の門下《もんか》として高杉晋作《たかすぎしんさく》に命《いのち》をあずけ、志士《しし》の道《みち》を突進《とっしん》して生《い》きのこった伊藤博文《いとうひろぶみ》である。

いくたびかの死線《しせん》をのり越《こ》えながらも、かつて松陰《しょういん》が予言《よげん》した「周旋家《しゅうせんか》」の才能《さいのう》を発揮《はっき》して立《た》ちはたらき、いつか藩政《はんせい》の中枢《ちゅうすう》に地位《ちい》をしめた。明治新政府《めいじしんせいふ》では、木戸《きど》・大久保《おおくぼ》をたすけて活躍《かつやく》、西南戦争以後《せいなんせんそういご》は、おしもおされぬ元勲《げんくん》の貫禄《かんろく》を名実《めいじつ》ともにそなえた。

明治《めいじ》十(一八七七)年《ねん》十一月《がつ》、勲一等旭日大綬賞《くんいっとうきょくじつだいじゅしょう》をうける。

このあと「明治《めいじ》十四(一八八一)年《ねん》の政変《せいへん》」というのは、大隈重信一派《おおくましげのぶいっぱ》を追放《ついほう》して、伊藤《いとう》博文《ひろぶみ》が政局《せいきょく》の中心《ちゅうしん》にすわった政争《せいそう》である。

それ以前《いぜん》、自由民権運動《じゆうみんけんうんどう》による国会開設《こっかいかいせつ》の要求《ようきゅう》が高《たか》まってきた。この国会開設《こっかいかいせつ》の時期《じき》をめぐって、急進論《きゅうしんろん》の参議《さんぎ》・大隈重信《おおくましげのぶ》と、漸進論《ぜんしんろん》の参議《さんぎ》・伊藤博文《いとうひろぶみ》が対立《たいりつ》した。

博文《ひろぶみ》は憲法《けんぽう》や国会《こっかい》についての充分《じゅうぶん》な知識《ちしき》なしの性急《せいきゅう》な国会開設《こっかいかいせつ》に反対《はんたい》し、急進論《きゅうしんろん》の大隈《おおくま》と鋭《するど》く対立《たいりつ》した。

たまたま「開拓使官有物払下《かいたくしかんゆうぶつはらいさ》げ事件《じけん》」が起《お》きる。これは北海道開拓使《ほっかいどうかいたくし》の国有財産《こくゆうざいさん》を、薩摩《さつま》出身《しゅっしん》の拓使《たくし》長官《ちょうかん》・黒田清隆《くろだきよたか》が、法外《ほうがい》に安《やす》く民間《みんかん》の五代友厚《ごだいともあつ》(薩摩《さつま》)に払《はら》い下《さ》げることへの非難《ひなん》が高《たか》まり、政府《せいふ》は払《はら》い下《さ》げをとりけした。大隈重信《おおくましげのぶ》はこの事件《じけん》に関《かか》わる薩長藩閥《さっちょうはんばつ》を批判《ひはん》、伊藤博文《いとうひろぶみ》を追《お》いおとそうとする。

また自由民権派《じゆうみんけんは》からの政府《せいふ》攻撃《こうげき》も激《はげ》しさをくわえたので、右大臣《うだいじん》の岩倉具視《いわくらともみ》は、博文《ひろぶみ》らとはかって大隈《おおくま》を追放《ついほう》した。これが「明治《めいじ》十四年《ねん》の政変《せいへん》」だ。

参議《さんぎ》を辞任《じにん》し、失脚《しっきゃく》した大隈《おおくま》は自由民権運動《じゆうみんけんうんどう》の主力《しゅりょく》として立憲改進党《りっけんかいしんとう》を結成《けっせい》、また東京《とうきょう》専門学校《せんもんがっこう》を創立《そうりつ》して、野党《やとう》の雄《ゆう》となった。東京専門学校《とうきょうせんもんがっこう》はのちの早稲田大学《わせだだいがく》である。

反対勢力《はんたいせいりょく》の大隈《おおくま》を追《お》い出《だ》してからの政局《せいきょく》は、博文《ひろぶみ》の独《ひと》り舞台《ぶたい》で、自分《じぶん》の主張《しゅちょう》を一気《いっき》に推《お》し進《すす》めた。新《あら》たに国政《こくせい》をうごかす参事院《さんじいん》を太政官《だいじょうかん》においた。伊藤博文《いとうひろぶみ》ら参議《さんぎ》を中心《ちゅうしん》とするそのメンバーは、次《つぎ》のとおりである。

参議《さんぎ》　伊藤博文《いとうひろぶみ》（長州《ちょうしゅう》）
参議《さんぎ》　山田顕義《やまだあきよし》（〃）
参議《さんぎ》　寺島宗則《てらしまむねのり》（薩摩《さつま》）
参議《さんぎ》　西郷従道《さいごうつぐみち》（〃）
参議兼外務卿《さんぎけんがいむきょう》　井上　馨《いのうえかおる》（長州《ちょうしゅう》）

参議兼元老院議長《さんぎけんげんろういんぎちょう》　大木喬任《おおきたかとう》（肥前《ひぜん》）
参議兼参謀本部長《さんぎけんさんぼうほんぶちょう》　山県有朋《やまがたありとも》（長州《ちょうしゅう》）
参議兼開拓長官《さんぎけんかいたくちょうかん》　黒田清隆《くろだきよたか》（薩摩《さつま》）
参議兼海軍卿《さんぎけんかいぐんきょう》　川村純義《かわむらすみよし》（薩摩《さつま》）
元老院副議長《げんろういんふくぎちょう》　佐々木高行《ささきたかゆき》（土佐《とさ》）
内務卿《ないむきょう》　松方正義《まつかたまさよし》（薩摩《さつま》）
陸軍卿《りくぐんきょう》　大山《おおやま》　巌《いわお》（〃）
文部卿《もんぶきょう》　福岡孝弟《ふくおかたかちか》（土佐《とさ》）
大蔵卿《おおくらきょう》　佐野常民《さのつねたみ》（肥前《ひぜん》）
司法卿《しほうきょう》　田中不二麿《たなかふじまろ》（尾張《おわり》）
工部卿《こうぶきょう》　山尾庸三《やまおようぞう》（長州《ちょうしゅう》）

司法卿《しほうきょう》の田中不二麿《たなかふじまろ》をのぞき十六人《にん》のうち十五人《にん》を薩摩《さつま》六人《にん》・長州《ちょうしゅう》五人《にん》・土佐《とさ》（高知《こうち》）二人《ふたり》、肥前《ひぜん》（佐賀《さが》）二人《ふたり》、つまり維新《いしん》の功藩《こうはん》とされる「薩長土肥《さっちょうどひ》」が占《し》める藩閥政府《はんばつせいふ》だった。

国会開設急進論《こっかいかいせつきゅうしんろん》の大隈重信《おおくましげのぶ》が追放《ついほう》された直後《ちょくご》の明治《めいじ》十四（一八八一）年《ねん》十月《がつ》十二日《にち》、「国《こっ》会開設《かいかいせつ》は明治《めいじ》二十三年《ねん》とする」という天皇《てんのう》の詔勅《しょうちょく》が出《で》て、自由民権派《じゆうみんけんは》の開設要求運動《かいせつようきゅううんどう》はおさまり、開設《かいせつ》にむけての準備《じゅんび》がはじまった。板垣退助《いたがきたいすけ》の自由党《じゆうとう》、大隈《おおくま》の立憲改進党《りっけんかいしんとう》などの政党活動《せいとうかつどう》がにわかに活発《かっぱつ》となった。

憲法制定《けんぽうせいてい》

博文《ひろぶみ》は国会《こっかい》を開設《かいせつ》するまえに、まず憲法《けんぽう》を制定《せいてい》しなければならないと考《かんが》えていた。

憲法制定《けんぽうせいてい》の必要《ひつよう》ははやくからいわれてきた。明治初年《めいじしょねん》からその草案《そうあん》が出《だ》されていたが、元老院《げんろういん》が起草《きそう》（案《あん》を起《お》こす）に着手《ちゃくしゅ》したのは明治《めいじ》九（一八七六）年《ねん》である。第《だい》一次《じ》、二次《じ》と草案《そうあん》ができあがり、三次《じ》に進《すす》んだのは明治《めいじ》十三年《ねん》だったが、外国《がいこく》の模倣《もほう》が強《つよ》すぎ、とても草案《そうあん》といえるものではなかった。

そのうちには国会開設運動《こっかいかいせつうんどう》が全国的《ぜんこくてき》な高《たか》まりをみせ、関連《かんれん》して自由民権派《じゆうみんけんは》からの憲法案《けんぽうあん》も出《で》はじめた。政府《せいふ》は憲法制定《けんぽうせいてい》を急《いそ》ぐことにし、参議《さんぎ》・伊藤博文《いとうひろぶみ》が、憲法調査《けんぽうちょうさ》のためヨーロッパにむかったのは、明治《めいじ》十五（一八八二）年《ねん》二月《がつ》だった。

博文《ひろぶみ》といっしょに行《い》ったのは伊東巳代治《いとうみよじ》・平田東助《ひらたとうすけ》・西園寺公望《さいおんじきんもち》ら若手《わかて》の官僚《かんりょう》で、彼《かれ》らは分担《ぶんたん》してヨーロッパ各国《かっこく》の憲法《けんぽう》・王室《おうしつ》・内閣《ないかく》・議会《ぎかい》・選挙《せんきょ》などの調査《ちょうさ》にあたった。

博文《ひろぶみ》は君主《くんしゅ》の権力《けんりょく》が強《つよ》いドイツ・オーストリアに滞在《たいざい》し、ベルリン大学教授《だいがくきょうじゅ》グナイストをはじめとする律学《りつがく》の権威者《けんいしゃ》に意見《いけん》を聞《き》いて憲法調査《けんぽうちょうさ》につとめた。

要《よう》するにイギリスに学《まな》ぶか、プロシア(ドイツ)に学《まな》ぶかということだったが、博文《ひろぶみ》は日《に》本《ほん》の国体《こくたい》にふさわしいのは、プロシア憲法《けんぽう》だとの結論《けつろん》を出《だ》して、明治《めいじ》十六(一八八三)年《ねん》八月《がっ》に帰国《きこく》した。

翌年《よくねん》、博文《ひろぶみ》は宮中《きゅうちゅう》に設《もう》けられた制度取調局《せいどとりしらべきょく》の長官《ちょうかん》に就任《しゅうにん》し、井上毅《いのうえたけし》・伊東巳代治《いとうみよじ》・金子《かねこ》堅太郎《けんたろう》らを御用掛《ごようがかり》に任命《にんめい》、憲法制定《けんぽうせいてい》の準備《じゅんび》にとりかかった。

四人《にん》は明治《めいじ》十九(一八八六)年秋《ねんあき》から、神奈川県夏島《かながわけんなつしま》にある博文《ひろぶみ》の別荘《べっそう》にこもり、激《はげ》しい討論《とうろん》をかさねながら憲法草案《けんぽうそうあん》の作成《さくせい》にはいった。

この「夏島草案《なつしまそうあん》」を修正《しゅうせい》した「十月草案《がっそうあん》」は、さらに翌年《よくねん》の「二月草案《がっそうあん》」となり、これに四人《にん》が最終的《さいしゅうてき》な検討《けんとう》をくわえ、モッセ、ロエスレルの意見《いけん》を聞《き》いて、修正《しゅうせい》、加筆《かひつ》をおこなって、ようやく四月《がつ》にととのった憲法草案《けんぽうそうあん》を天皇《てんのう》に提出《ていしゅつ》した。

この草案《そうあん》ができあがるまでには、国民主権論争《こくみんしゅけんろんそう》や政党内閣論《せいとうないかくろん》などが新聞紙上《しんぶんしじょう》で盛《さか》んに戦《たたか》わされたが、そうした民間《みんかん》のうごきはいっさい無視《むし》し、秘密裡《ひみつり》に作業《さぎょう》は進《すす》められた。

草案《そうあん》に助言《じょげん》したモッセは、ドイツの法学者《ほうがくしゃ》グナイトスの弟子《でし》で、博文《ひろぶみ》が憲法調査《けんぽうちょうさ》のためヨーロッパに渡《わた》ったとき、師《し》にかわって調査団一行《ちょうさだんいっこう》にプロイセン憲法《けんぽう》・行政法《ぎょうせいほう》を講義《こうぎ》した。

のち内務省法律顧問《ないむしょうほうりつこもん》（のち内閣顧問《ないかくこもん》）として明治《めいじ》十九（一八八六）年《ねん》に来日《らいにち》。

ロエスレルはやはりドイツの法学者《ほうがくしゃ》である。外務省法律顧問《がいむしょうほうりつこもん》として明治《めいじ》十一（一八七八）年《ねん》に来日《らいにち》、モッセとともに憲法草案《けんぽうそうあん》の助言者《じょげんしゃ》としての重要《じゅうよう》な役目《やくめ》を果《は》たした。彼《かれ》らは絶対《ぜったい》君主制《くんしゅせい》にたつプロイセン憲法《けんぽう》を模範《もはん》とする日本《にほん》の明治憲法制定《めいじけんぽうせいてい》に、多大《ただい》の影響《えいきょう》をあたえたのである。

このようにして成立《せいりつ》した明治《めいじ》の欽定憲法《きんていけんぽう》（君主《くんしゅ》の単独《たんどく》の意思《いし》によって制定《せいてい》された憲法《けんぽう》）には、とうぜん色濃《いろこ》くプロイセン憲法《けんぽう》が反映《はんえい》している。天皇主権主義《てんのうしゅけんしゅぎ》をとり、国民《こくみん》の権利《けんり》、自由《じゆう》、政治参加《せいじさんか》を最小限《さいしょうげん》におさえたものとなった。

幕末《ばくまつ》の倒幕運動《とうばくうんどう》は、幕府《ばくふ》の強権《きょうけん》に対抗《たいこう》する「勤王思想《きんのうしそう》」をかかげた。つまり天皇《てんのう》を最高《さいこう》権威《けんい》として幕府《ばくふ》の存在《そんざい》を否定《ひてい》する戦《たたか》いだった。

勤王《きんのう》の志士《しし》として活動《かつどう》した伊藤博文《いとうひろぶみ》が、君主権力《くんしゅけんりょく》の強《つよ》いプロイセン憲法《けんぽう》に範《はん》をもとめたのは、自然《しぜん》のなりゆきだったかもしれない。

今日《こんにち》の民主主義思想《みんしゅしゅぎしそう》から、遠《とお》くかけはなれた君主《くんしゅ》の大権《たいけん》に対《たい》して、国民《こくみん》の基本的人権《きほんてきじんけん》は「臣民《しんみん》」の権利《けんり》として、一応明文化《いちおうめいぶんか》されてはいるが、法律《ほうりつ》によって容易《ようい》に制約《せいやく》できるものでしかなかった。

第《だい》一条《じょう》「万世一系《ばんせいいっけい》ノ天皇《てんのう》之《これ》ヲ統治《とうち》ス」、第《だい》三条《じょう》「天皇《てんのう》ハ神聖《しんせい》ニシテ侵《おか》スヘカラス」とし、天皇権力《てんのうけんりょく》を絶対《ぜったい》のものと規定《きてい》する憲法《けんぽう》は、明治《めいじ》二十二（一八八九）年《ねん》二月《がつ》十一日《にち》に公布《こうふ》された。

第《だい》二次《じ》世界大戦《せかいたいせん》で敗戦国《はいせんこく》となった日本《にほん》は、古《ふる》い殻《から》をぬぎすてた。連合国《れんごうこく》の民主化《みんしゅか》政策《せいさく》にそって、昭和《しょうわ》二十一（一九四六）年《ねん》、主権在民《しゅけんざいみん》・戦争放棄《せんそうほうき》をうたう「新憲法《しんけんぽう》」制定《せいてい》によって、伊藤博文《いとうひろぶみ》が制定《せいてい》の中心的役割《ちゅうしんてきやくわり》を果《は》たした「大日本帝国憲法《だいにっぽんていこくけんぽう》」は、五十七年間《ねんかん》にわたる歴史《れきし》を閉《と》じたのだった。

鎮海楼《ちんかいろう》

明治《めいじ》十八(一八八五)年《ねん》十二月《がつ》には、太政官《だいじょうかん》を廃止《はいし》、憲法制定《けんぽうせいてい》を前提《ぜんてい》とする内閣制度《ないかくせいど》が設《せっ》置《ち》されると、政権《せいけん》のトップにいる伊藤博文《いとうひろぶみ》が、とうぜんのように初代内閣総理大臣《しょだいないかくそうりだいじん》となった。このとき四十五歳《さい》だった。

利助《りすけ》と呼《よ》ばれ、吉田松陰《よしだしょういん》から「将来《しょうらい》、周旋家《しゅうせんか》になるだろう」と予言《よげん》された足軽《あしがる》の子《こ》は、あれから三十年後《ねんご》に、政界《せいかい》に君臨《くんりん》する頂上《ちょうじょう》の椅子《いす》にすわったのである。

初代内閣総理大臣《しょだいないかくそうりだいじん》に就任《しゅうにん》した博文《ひろぶみ》が、お国入《くにい》りしたのは、明治《めいじ》十九(一八八六)年《ねん》十一月《がつ》だった。「故郷《こきょう》に錦《にしき》をかざる」というのは、功《こう》を成《な》しとげ、得意満面《とくいまんめん》(得意《とくい》な気持《きも》ちが顔全《かおぜん》体《たい》にあらわれ、満足《まんぞく》そうなようす)で郷里《きょうり》に帰《かえ》ることだが、九州《きゅうしゅう》に行《い》く途中《とちゅう》、下関《しものせき》に立《た》ちよっただけなので、博文自身《ひろぶみじしん》はそんなに気負《きお》っているわけではなかった。

彼《かれ》としては志士時代《ししじだい》、下関《しものせき》で飲《の》みまわったころの馴染《なじ》みの店《みせ》もそのままやっているようなので、こっそり覗《のぞ》いてみるかくらいのことを考《かんが》えていた。

攘夷戦《じょういせん》のあとイギリスとの友好《ゆうこう》を深《ふか》めるため、アーネスト・サトウに洋食《ようしょく》をふるまったなつかしい大坂屋《おおさかや》もある。

「あの店《みせ》の女将《おかみ》はどうしているだろうか」

などと思《おも》ったりもしたのだが、自由《じゆう》が許《ゆる》されるような立場《たちば》ではなかった。いまをときめく内閣総理大臣《ないかくそうりだいじん》なのだ。博文《ひろぶみ》を歓迎《かんげい》する熱狂《ねっきょう》ぶりは、維新《いしん》の功藩《こうはん》（手柄《てがら》を立《た》てた藩《はん》）意識《いしき》のうずまく山口県《やまぐちけん》では、とうぜんのことだった。

港《みなと》に近《ちか》い亀山八幡宮《かめやまはちまんぐう》のそばに、鎮海楼《ちんかいろう》という大《おお》きな料亭《りょうてい》がある。そこが歓迎会場《かんげいかいじょう》となった。山口県知事《やまぐちけんちじ》をはじめ、県下《けんか》政財界《せいざいかい》の有力者《ゆうりょくしゃ》がおしかけて、大広間《おおひろま》の会場《かいじょう》から人《ひと》があふれた。わが長州《ちょうしゅう》から初代内閣総理大臣《しょだいないかくそうりだいじん》を出《だ》したことは、じつにめでたい、これからはどうか山口県《やまぐちけん》のために、大《おお》いに骨《ほね》をおってもらいたいといった挨拶《あいさつ》が、長々《ながなが》とつづくのを、博《ひろ》文《ぶみ》は腕《うで》を組《く》んで聞《き》きいっていた。

最後《さいご》に博文《ひろぶみ》が演壇《えんだん》に立《た》ち、演説口調《えんぜつくちょう》で感謝《かんしゃ》の辞《じ》を述《の》べたが、まったく意外《いがい》な言葉《ことば》が彼《かれ》の口《くち》からとび出《だ》したので、人々《ひとびと》は唖然《あぜん》としてしまった。

……あたたかい歓迎《かんげい》に感謝《かんしゃ》するが、ただ我輩《わがはい》が遺憾《いかん》とするは、国家《こっか》のため命懸《いのちが》けではたらけという激励《げきれい》をたまわらなかったことだ。ここにお集《あつ》まりの諸君《しょくん》は、総理大臣《そうりだいじん》たる我輩《わがはい》が、山口県《やまぐちけん》を利《り》する何事《なにごと》かをしてくれるであろうと期待《きたい》しておられるのであろうが、それはまちがいである。いまや我輩《わがはい》は山口県《やまぐちけん》の伊藤《いとう》ではない。日本《にほん》の伊藤《いとう》である。

この演説《えんぜつ》を聞《き》いて「さすがは伊藤《いとう》さんだ」と感心《かんしん》する者《もの》も多《おお》かったが、「郷党《きょうとう》（同郷《どうきょう》の人々《ひとびと》）の気持《きも》ちをふみにじる心《こころ》ない言葉《ことば》だ」と、不快感《ふかいかん》をあらわす者《もの》もいた。

これは宰相論《さいしょうろん》（総理大臣《そうりだいじん》の心得《こころえ》はいかにあるべきかを論《ろん》ずる）にかかわる大事《だいじ》な問題《もんだい》だ。総理大臣《そうりだいじん》の郷里《きょうり》の人々《ひとびと》が、それをよろこび誇《ほこ》ることとは別《べつ》に、利益誘導《りえきゆうどう》を期待《きたい》する風潮《ふうちょう》は、現代《げんだい》にもみられる。そんな期待《きたい》にこたえる者《もの》もいるが、一国《いっこく》の首相《しゅしょう》が心《こころ》をくばることではないという矜持《きょうじ》（自分《じぶん》の能力《のうりょく》を信《しん》じていだく誇《ほこ》り）を、毅然《きぜん》としてつらぬく政治家《せいじか》もすくなくはない。

内閣制度《ないかくせいど》が発足《ほっそく》したばかりの明治《めいじ》十九年《ねん》、伊藤博文《いとうひろぶみ》が下関《しものせき》でこの言葉《ことば》を発《はっ》したことは、その歓迎会《かんげいかい》を傍聴《ぼうちょう》した、当時《とうじ》中学生《ちゅうがくせい》だった鎮海楼《ちんかいろう》の息子《むすこ》、木村義夫《きむらよしお》の証言《しょうげん》でいまに伝《つた》わっている。うけとる側《がわ》の心理《しんり》はさまざまだが、宰相《さいしょう》の言葉《ことば》としての重《おも》い意味《いみ》はあるといわなければならない。

鹿鳴館時代《ろくめいかんじだい》

国会《こっかい》は明治《めいじ》二十三（一八九〇）年《ねん》、大日本帝国憲法《だいにっぽんていこくけんぽう》にもとづいて開設《かいせつ》、第《だい》一回《かい》の帝国議会《ていこくぎかい》は、その年《とし》の十一月《がつ》に開会《かいかい》された。

第一次伊藤内閣《だいいちじいとうないかく》で、博文《ひろぶみ》は井上馨《いのうえかおる》を外務大臣《がいむだいじん》に起用《きよう》した。「俊輔《しゅんすけ》、俊輔《しゅんすけ》」と兄貴《あにき》ぶっていた聞多《もんた》こと、井上馨《いのうえかおる》が閣僚《かくりょう》として博文《ひろぶみ》に仕《つか》えるようになるのも、新《あたら》しい時代《じだい》の到来《とうらい》を物語《ものがた》っている。

博文《ひろぶみ》は旧幕府《きゅうばくふ》が諸外国《しょがいこく》とむすんだ屈辱的《くつじょくてき》な条約《じょうやく》の改正《かいせい》を、外務大臣《がいむだいじん》となった井上《いのうえ》に命《めい》じた。これから「鹿鳴館外交《ろくめいかんがいこう》」といわれた対外政策《たいがいせいさく》を積極的《せっきょくてき》におし進《すす》めるのである。

鹿鳴館《ろくめいかん》は明治《めいじ》十六（一八八三）年《ねん》、外国人《がいこくじん》と日本人《にほんじん》の社交《しゃこう》クラブとして、東京麹町区山下町《とうきょうこうじまちくやましたちょう》（現在《げんざい》、千代田区内幸町《ちよだくうちさいわいちょう》一丁目《ちょうめ》）に設《もう》けた建物《たてもの》。明治《めいじ》十年《ねん》、工部大学校教師《こうぶだいがっこうきょうし》として来日《らいにち》したイギリス人建築家《じんけんちくか》コンデルが設計《せっけい》した。豪華《ごうか》な洋風《ようふう》二階建《かいだ》てで、華族《かぞく》（爵位《しゃくい》をもった日本人《にほんじん》）と来日外交官《らいにちがいこうかん》にかぎって入会《にゅうかい》を許《ゆる》し、夜会《やかい》・舞踏会《ぶとうかい》・仮装会《かそうかい》や婦人慈善会《ふじんじぜんかい》を催《もよお》し、注目《ちゅうもく》を浴《あ》びた。

中国《ちゅうごく》唐《とう》の時代《じだい》、高級官吏《こうきゅうかんり》として都《みやこ》にのぼる人《ひと》を送《おく》る盛大《せいだい》な酒宴《しゅえん》で、詩経《しきょう》の「鹿鳴《ろくめい》」の詩《し》を歌《うた》うことから「鹿鳴《ろくめい》の宴《えん》」といった。

そこからとった鹿鳴館外交《ろくめいかんがいこう》は、国粋主義者《こくすいしゅぎしゃ》（自国《じこく》の歴史《れきし》・文化《ぶんか》・政治《せいじ》の優秀性《ゆうしゅうせい》を主張《しゅちょう》し、純粋《じゅんすい》な民族性《みんぞくせい》や国体《こくたい》を守《まも》ろうとする人々《ひとびと》。英語《えいご》ではナショナリストと訳《やく》される）たちからの強《つよ》い批判《ひはん》をよんだ。

また大金《たいきん》を消費《しょうひ》する鹿鳴館《ろくめいかん》の催《もよお》しは、いたずらに西欧風俗《せいおうふうぞく》を模倣《もほう》するだけで、条約改正《じょうやくかいせい》に役立《やくだ》つものでもなかった。井上馨《いのうえかおる》は外相《がいしょう》を辞任《じにん》、鹿鳴館《ろくめいかん》は閉鎖《へいさ》された。

博文《ひろぶみ》は井上《いのうえ》にかえて政敵《せいてき》の大隈重信《おおくましげのぶ》を外相《がいしょう》に起用《きよう》したが、やはり条約改正《じょうやくかいせい》に失敗《しっぱい》、大隈《おおくま》も辞任《じにん》した。

明治政府《めいじせいふ》最大《さいだい》の課題《かだい》は難航《なんこう》をきわめ、条約改正《じょうやくかいせい》に成功《せいこう》したのは、それを終生《しゅうせい》の念願《ねんがん》とした伊藤博文《いとうひろぶみ》が、すでにこの世《よ》に人《ひと》ではなくなっている二十数年後《すうねんご》の明治《めいじ》四十四（一九一一）年《ねん》のことだった。

第四章
志士の終焉

毀《き》誉《よ》褒《ほう》貶《へん》

毀《き》誉《よ》褒《ほう》貶《へん》
キヨホウヘン
広辞苑《こうじえん》には次《つぎ》のように出《で》ている。

きよ‐ほうへん【毀《き》誉《よ》褒《ほう》貶《へん》】
（「毀《き》」はそしる、
「誉《ほまれ》・褒《ほう》」はほめる、
「貶《へん》」はけなす意《い》）

悪口《わるくち》をいうこととほめること。

ほめたりけなしたりの世評《せひょう》。

「――相半《あいなかば》する人物《じんぶつ》」

伊藤博文《いとうひろぶみ》は「毀誉褒貶半《きよほうへんなか》ばする人物《じんぶつ》」である。
ほめられ、またけなされること、
博文《ひろぶみ》の一生《いっしょう》は、そのふたつに色《いろ》どられる。
死線《しせん》を越《こ》えて活躍《かつやく》した志士時代《ししじだい》。
イギリス公使館焼《こうしかんや》き打《う》ち。
決死《けっし》の功山寺挙兵《こうざんじきょへい》。
またロンドン密航留学《みっこうりゅうがく》も
憂国《ゆうこく》の志《こころざし》に燃《も》える若者《わかもの》のけなげな行動《こうどう》だったことに、

異議《いぎ》をさしはさむ者《もの》はいないだろう。

博文《ひろぶみ》だけでなく、
志士《しし》から政治家《せいじか》に変身《へんしん》してからの生《い》きざまを、
とかく白い目《しろめ》で見《み》られるのは、維新《いしん》の夜明《よあ》けを待《ま》たず、
悲劇的《ひげきてき》な最期《さいご》をとげた人々《ひとびと》とくらべられるからだろう。
封建社会《ほうけんしゃかい》の軽輩《けいはい》から身《み》をおこして、
ついには「位人臣《くらいじんしん》を極《きわ》め」
(仕《つか》えてはたらく者《もの》として最高《さいこう》の位《くらい》につく)
名声《めいせい》に身《み》をつつまれた「元志士《もとしし》」に対《たい》する
屈折《くっせつ》した視線《しせん》もあるだろう。
またその人《ひと》の政治家《せいじか》としての手腕《しゅわん》、

業績《ぎょうせき》の結果《けつか》に対《たい》する評価《ひょうか》から、
非難《ひなん》を浴《あ》びることもある。

おしなべて、後世《こうせい》の人々《ひとびと》から絶賛《ぜっさん》される
満点《まんてん》の政治家《せいじか》はほとんどいない。
毀誉褒貶《きよほうへん》は、宰相《さいしょう》たりし人《ひと》の宿命《しゅくめい》といえるだろう。

伊藤博文《いとうひろぶみ》は四次《じ》にわたって内閣《ないかく》を組織《そしき》し、
総理大臣《そうりだいじん》をつとめたが、
反対勢力《はんたいせいりょく》のカベにさえぎられ、
悪戦苦闘《あくせんくとう》の連続《れんぞく》だった。
その間《かん》、伊藤博文《いとうひろぶみ》はどんな仕事《しごと》をしたのだろう。

プロシアに学《まな》ぶ憲法制定《けんぽうせいてい》
内閣制度《ないかくせいど》
華族制度《かぞくせいど》
皇室典範《こうしつてんぱん》
皇室財産《こうしつざいさん》の確定《かくてい》
枢密院《すうみついん》の設置《せっち》など
天皇制《てんのうせい》の完成《かんせい》に努力《どりょく》し、
初代内閣総理大臣《しょだいないかくそうりだいじん》・枢密院議長《すうみついんぎちょう》として
政権《せいけん》の中枢《ちゅうすう》にすわった。
明治《めいじ》二十五(一八九二)年《ねん》には
元老内閣《げんろうないかく》といわれる第《だい》二次《じ》の組閣《そかく》をし、
行政整理《ぎょうせいせいり》

海軍拡張《かいぐんかくちょう》

そして日清戦争《にっしんせんそう》では自《みずか》ら全権《ぜんけん》となり
下関条約《しものせきじょうやく》を成立《せいりつ》させた。

明治《めいじ》三十一(一八九八)年《ねん》の第《だい》三次《じ》伊《い》藤内閣《とうないかく》は、
憲政党《けんせいとう》の反対《はんたい》により半年《はんとし》で瓦解《がかい》した。
そこで立憲政友会《りっけんせいゆうかい》を組織《そしき》し総裁《そうさい》となり、
第《だい》四次《じ》内閣《ないかく》を組閣《そかく》するが翌年辞職《よくねんじしょく》した。
明治《めいじ》三十七(一九〇四)年《ねん》に日露戦争《にちろせんそう》がはじまった時《とき》、
博文《ひろぶみ》は三度目《どめ》に就任《しゅうにん》した枢密院議長《すうみついんぎちょう》である。
このとき博文《ひろぶみ》の寿命《じゅみょう》はあと五年《ねん》と十カ月《げつ》となっていた。

南下《なんか》するロシア帝国《ていこく》

反日親露《はんにちしんろ》（日本《にほん》に反感《はんかん》をいだきロシアと親《した》しくする）の朝鮮王妃《ちょうせんおうひ》を、対立《たいりつ》する大院君《たいいんくん》と組《く》んで殺害《さつがい》した閔妃暗殺事件《みんぴあんさつじけん》は、明治《めいじ》二十八（一八九五）年《ねん》十月《がつ》に起《お》こった。首謀者《しゅぼうしゃ》は、駐《ちゅう》韓公使《かんこうし》三浦梧楼《みうらごろう》である。

正規軍人《せいきぐんじん》と大陸浪人《たいりくろうにん》らが武器《ぶき》を持《も》って王宮《おうきゅう》におしいり王妃《おうひ》を惨殺《ざんさつ》して、大院君《たいいんくん》を中心《ちゅうしん》とする親日内閣《しんにちないかく》をつくらせた。

前代未聞《ぜんだいみもん》の凶悪《きょうあく》な犯行《はんこう》には、諸外国《しょがいこく》からの非難《ひなん》があがったので、日本政府《にほんせいふ》は、関知《かんち》しなかったことを示《しめ》すためにも参加者《さんかしゃ》を召還《しょうかん》し、三浦《みうら》らを拘禁《こうきん》して広島《ひろしま》で裁判《さいばん》にかけたが、証《しょう》拠不十分《こふじゅうぶん》として全員釈放《ぜんいんしゃくほう》した。

しかし朝鮮民衆《ちょうせんみんしゅう》のなかから義兵《ぎへい》が起《お》こって、親日内閣《しんにちないかく》は倒《たお》れ、これを機会《きかい》としてさらに反日感情《はんにちかんじょう》が高《たか》まる結果《けっか》ともなった。

中国大陸《ちゅうごくたいりく》のきな臭《くさ》い情況《じょうきょう》も深《ふか》まるばかりだった。

北清事変《ほくしんじへん》以後《いご》、欧米列強《おうべいれっきょう》による清国《しんこく》の半植民地化《はんしょくみんちか》はさらに進《すす》むのである。

北清事変《ほくしんじへん》とは、中国《ちゅうごく》の秘密結社《ひみつけっしゃ》「義和団《ぎわだん》」が、一九〇〇(明治《めいじ》三十三)年《ねん》、キリスト教《きょう》、および列国《れっこく》の中国侵略《ちゅうごくしんりゃく》に反抗《はんこう》して山東省《さんとうしょう》で武力蜂起《ぶりょくほうき》、翌年《よくねん》北京《ペキン》に入城《にゅうじょう》し各国公使館《かっこくこうしかん》区域《くいき》を包囲《ほうい》したため、日《にち》・英《えい》・米《べい》・露《ろ》・独《どく》・仏《ふつ》・伊《い》・墺《おう》(オーストリア)の八ヵ国《こく》は連合軍《れんごうぐん》を組織《そしき》して、これを鎮定《ちんてい》した事件《じけん》、日本《にほん》では北清事変《ほくしんじへん》と呼《よ》んだ。

とくにロシアは事件《じけん》が終結《しゅうけつ》したあともそのまま軍隊《ぐんたい》をのこし、さらに兵員《へいいん》を増強《ぞうきょう》して満州《まんしゅう》(中国東北部《ちゅうごくとうほくぶ》)全域《ぜんいき》を手中《しゅちゅう》にいれようという露骨《ろこつ》な行動《こうどう》を見《み》せた。

日清戦争《にっしんせんそう》のときの三国干渉《さんごくかんしょう》によって日本《にほん》に放棄《ほうき》させた遼東半島《りょうとうはんとう》は、すでにロシアがおさえていた。義和団《ぎわだん》の騒《さわ》ぎにまぎれて、極東《きょくとう》に不凍港《ふとうこう》(冬《ふゆ》になっても凍結《とうけつ》しない港《みなと》)を獲得《かくとく》したいというかねてからの念願《ねんがん》をとげてしまっているのだ。

ロシア帝国《ていこく》の南下政策《なんかせいさく》は、朝鮮半島《ちょうせんはんとう》にもおよんだので、日本《にほん》の危機感《ききかん》は高《たか》まり、戦争《せんそう》の火《ひ》ダネが、大《おお》きく燃《も》えくすぶりはじめていた。ロシアは不凍港《ふとうこう》をほしがっていた。満州《まんしゅう》から太平洋《たいへいよう》への道《みち》を拓《ひら》くためには、廊下《ろうか》となる朝鮮半島《ちょうせんはんとう》を領土《りょうど》にくわえることが必要《ひつよう》だった。

ロシアの野心《やしん》が露骨化《ろこつか》するにつれて、戦争《せんそう》の危機《きき》はいやおうなく近《ちか》づいてきたが、国内《こくない》では戦争反対《せんそうはんたい》の世論《せろん》も高《たか》まっていた。

政府《せいふ》が開戦《かいせん》に対《たい》する態度《たいど》を決《けっ》しかねているこのころ、伊藤博文《いとうひろぶみ》は日露協商《にちろきょうしょう》（国家間《こっかかん》で話《はな》し合《あ》い、協調《きょうちょう》する取決《とりき》め）を叫《さけ》んで、最初《さいしょ》から戦争反対《せんそうはんたい》の立場《たちば》をとった。

博文《ひろぶみ》の日露協商論《にちろきょうしょうろん》に対《たい》して、イギリスと同盟《どうめい》してロシアに対抗《たいこう》しようという意見《いけん》も、一方《いっぽう》では強《つよ》くあがっている。

伊藤博文《いとうひろぶみ》が、日露協商案《にちろきょうしょうあん》を持《も》ってペテルブルグにはいったのは、明治《めいじ》三十四（一九〇一）年《ねん》十一月《がつ》だった。しかしそのころ日本政府《にほんせいふ》は日英同盟締結《にちえいどうめいていけつ》の準備《じゅんび》を着々《ちゃくちゃく》と進《すす》めていたのである。博文《ひろぶみ》のロシア行《ゆ》きはムダ足《あし》というものだった。

翌明治《よくめいじ》三十五（一九〇二）年《ねん》一月《がつ》、日英同盟《にちえいどうめい》は調印《ちょういん》された。ロシアとの開戦準備《かいせんじゅんび》が、ととのったようなものだ。しかしこのころ、ロシアがはやくから着工《ちゃっこう》しているシベリア鉄道《てつどう》は全線開通《ぜんせんかいつう》をまぢかにひかえていた。その鉄道《てつどう》を使《つか》って怒濤《どとう》のように大軍《たいぐん》を送《おく》りこんでくる超大国《ちょうたいこく》との戦《たたか》いをためらうのも、とうぜんというものだった。元老《げんろう》・山県有朋《やまがたありとも》をはじめ桂《かつら》首相《しゅしょう》にしても自信《じしん》なげだ。

開戦《かいせん》にむかって気《き》を吐《は》いているのは一部《ぶ》の少壮軍人《しょうそうぐんじん》たちだが、日英同盟調印《にちえいどうめいちょういん》の年《とし》の六月《がつ》、爆弾発言《ばくだんはつげん》ともいうべき強硬論《きょうこうろん》が、学者《がくしゃ》のあいだからあがった。東京帝国大学《とうきょうていこくだいがく》の七人《にん》の博士《はくし》たちが、桂首相《かつらしゅしょう》に宛《あ》てて、早期開戦《そうきかいせん》を進言《しんげん》したことで、開戦論《かいせんろん》は一挙《いっきょ》に燃《も》えあがって手《て》がつけられないほどになった。

常備兵《じょうびへい》二百万《ひゃくまん》、予備役《よびえき》をふくめて五百万《ひゃくまん》という兵力《へいりょく》をそなえ、世界最大《せかいさいだい》といわれる陸軍《りくぐん》国《こく》、ロシアが相手《あいて》だという現実《げんじつ》を知《し》らない民衆《みんしゅう》は、七博士《はくし》らの意見《いけん》にのせられ、開戦《かいせん》にむかってヒステリックな興奮《こうふん》を盛《も》りあげた。

いつの時代《じだい》も戦争《せんそう》はこのようにしてはじまるのだ。戦争反対《せんそうはんたい》の少数意見《しょうすういけん》はしりぞけられ、日本《にほん》は開戦《かいせん》にむけて走《はし》りだした。

日英同盟《にちえいどうめい》が成立《せいりつ》し、対露開戦近《たいろかいせんちか》しとみた参謀本部《さんぼうほんぶ》は、かねてからの対露作戦《たいろさくせん》を仕《し》あげることに集中《しゅうちゅう》した。このときの参謀総長《さんぼうそうちょう》は開戦《かいせん》に消極的《しょうきょくてき》だった山県有朋《やまがたありとも》である。そんなころ、対露作戦《たいろさくせん》の権威《けんい》といわれた参謀次長《さんぼうじちょう》の田村怡与造《たむらいよぞう》が急死《きゅうし》した。

田村《たむら》にかわって参謀次長《さんぼうじちょう》の椅子《いす》についたのが、児玉源太郎《こだまげんたろう》である。児玉中将《こだまちゅうじょう》(すぐ大将《たいしょう》となる)は、「ロシアの兵力《へいりょく》は強大《きょうだい》だが、はじめのうちは撃破《げきは》してみせよう。だが長《なが》くはもたない。われわれが優勢《ゆうせい》に戦《たたか》っているうちに、講和《こうわ》を進《すす》めてもらいたい」と、いいながら参謀次長《さんぼうじちょう》の職《しょく》をひきうけた。

日露《にちろ》戦争《せんそう》・韓国併合《かんこくへいごう》

明治《めいじ》三十七(一九〇四)年《ねん》二月《がつ》、ついに日本《にほん》はロシアに宣戦布告《せんせんふこく》、日露戦争《にちろせんそう》ははじまった。白人《はくじん》と有色人種《ゆうしよくじんしゆ》が武器《ぶき》をもって大規模《だいきぼ》な戦闘《せんとう》をまじえた、世界史上最初《せかいしじようさいしよ》の戦争《せんそう》である。

満州軍総参謀長《まんしゆうぐんそうさんぼうちよう》・児玉源太郎陸軍大将《こだまげんたろうりくぐんたいしよう》は、最初約束《さいしよやくそく》したように、緒戦《しよせん》は、日本軍《にほんぐん》がロシア軍《ぐん》を圧倒《あつとう》した。圧倒《あつとう》というよりも、かろうじてといったほうがよいかもしれない。

ロシアが頑丈《がんじよう》な要塞《ようさい》を築《きず》いた旅順《りよじゆん》を陥落《かんらく》させるために、五万人《まんにん》もの死傷者《ししようしや》を出《だ》している。

旅順要塞《りよじゆんようさい》の二百三高地《にひやくさんこうち》の占領《せんりよう》によって、旅順港内《りよじゆんこうない》のロシア東洋艦隊《とうようかんたい》は壊滅《かいめつ》した。

海軍《かいぐん》は日本海《にほんかい》にはいってきたバルチック艦隊《かんたい》を撃滅《げきめつ》、また陸軍《りくぐん》は奉天《ほうてん》の大会戦《だいかいせん》で、クロパトキン将軍《しようぐん》ひきいるロシア主力軍《しゆりよくぐん》を撃退《げきたい》した。

日本国内《にほんこくない》は戦勝《せんしよう》のニュースで、提灯行列《ちようちんぎようれつ》が町《まち》をねるなど「万歳《ばんざい》」の声《こえ》でわきかえった。

だが日本軍《にほんぐん》の優勢《ゆうせい》はそこまでである。兵士《へいし》は疲労《ひろう》し、弾薬《だんやく》や食糧《しよくりよう》も不足《ふそく》しているところへ、バイカル湖《こ》で中断《ちゆうだん》していたシベリア鉄道《てつどう》が全通《ぜんつう》、ロシアの援軍百万《えんぐんひやくまん》がやってくるという情《じよう》報《ほう》もはいってきた。

「戦《たたか》えるのはここまでだ」

満州軍《まんしゅうぐん》はその結論《けつろん》を出《だ》したが、疲《つか》れ果《は》てた満州軍《まんしゅうぐん》の状況《じょうきょう》を知《し》らない大本営《だいほんえい》は、退却《たいきゃく》するロシア軍《ぐん》をハルビンまで追撃《ついげき》し、さらにウラジオストクまで追《お》いつめて殲滅《せんめつ》せよと督促《とくそく》してきた。

ロシア軍《ぐん》はまだ余力《よりょく》を保《たも》っている。奉天会戦《ほうてんかいせん》で全力《ぜんりょく》を出《だ》しきった日本軍《にほんぐん》に、増援軍《ぞうえんぐん》をくわえてハルビンあたりに待機《たいき》する敵《てき》と正面衝突《しょうめんしょうとつ》するだけの力《ちから》は、もはや、のこされていなかった。

戦場《せんじょう》が一息《ひといき》ついているあいだに、大山総司令官《おおやまそうしれいかん》の許《ゆる》しを得《え》て、児玉《こだま》が急《いそ》ぎ東京《とうきょう》にもどってきたのは、明治《めいじ》三十八(一九〇五)年《ねん》三月《がつ》二十八日《にち》の朝《あさ》だった。

政府《せいふ》や大本営《だいほんえい》が、戦地《せんち》の現状《げんじょう》を充分《じゅうぶん》に把握《はあく》せず、たかを括《くく》っているところもある。惨憺《さんたん》たる勝利《しょうり》の真相《しんそう》を伝《つた》え、そんな彼《かれ》らに冷水《れいすい》を浴《あ》びせかけるべく、彼《かれ》は火薬《かやく》のにおいをただよわせながら帰《かえ》ってきたのだ。

「貧乏国《びんぼうこく》がいつまで戦争《せんそう》をつづけるつもりだ。火《ひ》をつけたら消《け》すことを考《かんが》えないでどうする」

彼《かれ》は戦闘《せんとう》が持続《じぞく》できないことを大本営《だいほんえい》で説《と》くのだが、ほんきで耳《みみ》をかたむける者《もの》がいない。児玉《こだま》はついに枢密院議長《すうみついんぎちょう》・伊藤博文《いとうひろぶみ》を訪《たず》ねた。

「最初《さいしょ》の約束《やくそく》どおり、緒戦《しょせん》で敵《てき》はたたいておきました。もう戦《たたか》えません」

戦闘《せんとう》の経過《けいか》、満州軍《まんしゅうぐん》の現状《げんじょう》、ロシア軍《ぐん》のうごきを説明《せつめい》して、講和《こうわ》するならいまだということを熱心《ねっしん》に上申《じょうしん》した。

「これ以上戦《いじょうたたか》えないなどと、軍人《ぐんじん》としていいにくいことを、勇気《ゆうき》をもってよくいってくれた。わたしたちも君《きみ》にならい勇気《ゆうき》をふるって発言《はつげん》しよう」

元老伊藤博文《げんろういとうひろぶみ》は源太郎《げんたろう》の訪問《ほうもん》をうけた直後《ちょくご》、アメリカにいる金子堅太郎《かねこけんたろう》に打電《だでん》し、ルーズベルト大統領《だいとうりょう》に対《たい》する運動《うんどう》を、講和条件譲歩《こうわじょうけんじょうほ》の線《せん》で積極化《せっきょくか》するように指示《しじ》した。

ハーバード大学《だいがく》でルーズベルトと同窓《どうそう》の金子《かねこ》は、博文《ひろぶみ》の腹心《ふくしん》といった関係《かんけい》だった。大使《たいし》館《かん》に赴任《ふにん》する金子《かねこ》は、講和《こうわ》となればアメリカに頼《たの》むことになるだろうから、それとなく、ルーズベルトやタフト陸軍長官《りくぐんちょうかん》とのつながりをつけておくようにと博文《ひろぶみ》から、いいふくめられていたのである。

「講和《こうわ》のことは、すでに金子堅太郎《かねこけんたろう》に命《めい》じてひそかに進《すす》めているが、これより大馬力《だいばりき》をかけるようすぐにでも訓令《くんれい》を発《はっ》しよう」

このようにして外務省《がいむしょう》が講和《こうわ》にむけてうごきはじめたのは五月《がつ》にはいってからである。しかし、講和条件《こうわじょうけん》のなかに賠償金請求《ばいしょうきんせいきゅう》をふくむべきだとの声《こえ》が依然《いぜん》として日本側《にほんがわ》に強《つよ》く、アメリカの仲介交渉《ちゅうかいこうしょう》は、なかなか進《すす》まなかった。

ロシアは賠償金《ばいしょうきん》など払《はら》わない、いやなら戦争《せんそう》をつづけようと、ロシア側《がわ》ウイッテ首席全《しゅせきぜん》権《けん》は強硬《きょうこう》な態度《たいど》をくずさない。ついに小村寿太郎全権《こむらじゅたろうぜんけん》（外相《がいしょう》）は泣《な》きながら折《お》れた。

日露講和条約《にちろこうわじょうやく》および追加約款《ついかやっかん》（ポーツマス条約《じょうやく》）の調印《ちょういん》は九月五日《がついつか》におこなわれた。屈辱的《くつじょくてき》な条約《じょうやく》ではあったが、苦《にが》い勝利《しょうり》の内容《ないよう》からすれば、ロシア軍《ぐん》の満州追放《まんしゅうついほう》をはじめとする諸条件《しょじょうけん》はととのい、かつがつ戦勝国《せんしょうこく》としての対面《たいめん》は保《たも》たれた。

しかし、最後《さいご》の局面《きょくめん》で日本海海戦《にほんかいかいせん》の派手《はで》な戦果《せんか》に酔《よ》った国民《こくみん》の大多数《だいたすう》は失望《しつぼう》し、あるいは怒《いか》り狂《くる》った。膨大《ぼうだい》な数《かず》の人命《じんめい》を犠牲《ぎせい》にしたうえでの戦勝《せんしょう》である。ロシアから多額《たがく》の賠償《ばいしょう》金《きん》がとれ、そのおこぼれにもありつけるものという単純《たんじゅん》な期待《きたい》もあった。

肩《かた》すかしを食《く》った不満《ふまん》が爆発《ばくはつ》、条約調印《じょうやくちょういん》の五日《いつか》には、東京日比谷公園《とうきょうひびやこうえん》での全国大会《ぜんこくたいかい》に、三万人《まんにん》があつまって気勢《きせい》をあげた。怒《いか》り狂《くる》った民衆《みんしゅう》は、講和《こうわ》に賛成《さんせい》した新聞社《しんぶんしゃ》やキリスト教会《きょうかい》、さらに内務大臣官邸《ないむだいじんかんてい》、警察署《けいさつしょ》、交番《こうばん》などを焼《や》き打《う》ちし、電車《でんしゃ》を焼《や》いて暴《あば》れまわった。

これが「日比谷焼《ひびやや》き打《う》ち事件《じけん》」で、大臣官邸《だいじんかんてい》、新聞社《しんぶんしゃ》をはじめ警察署《けいさつしょ》二、交番《こうばん》二百《ひゃく》十

九、教会《きょうかい》十三、民家《みんか》五十三、電車《でんしゃ》十五台《だい》が焼《や》き払《はら》われた。
小村全権《こむらぜんけん》は、日露講和条約《にちろこうわじょうやく》が公布《こうふ》された十月《がつ》十六日《にち》に帰国《きこく》したが襲撃《しゅうげき》のおそれもあるので、こっそりと横浜《よこはま》に上陸《じょうりく》、厳重《げんじゅう》な警戒《けいかい》のうちに入京《にゅうきょう》した。それが日露戦争《にちろせんそう》の「惨憺《さんたん》たる勝利《しょうり》」の幕切《まくぎ》れだった。

日露戦争終結直後《にちろせんそうしゅうけつちょくご》の明治《めいじ》三十八(一九〇五)年《ねん》十一月《がつ》、特派大使《とくはたいし》として韓国《かんこく》に渡《わた》り、日韓《にっかん》協約《きょうやく》をむすんで韓国統監府《かんこくとうかんふ》設置《せっち》を決《き》めたのは、伊藤博文《いとうひろぶみ》である。日韓協約《にっかんきょうやく》が、近代史《きんだいし》の汚《お》点《てん》となった韓国併合《かんこくへいごう》の基礎《きそ》をなしたことは事実《じじつ》で、その責任《せきにん》から、彼《かれ》がのがれられないのもたしかだろう。

韓国併合《かんこくへいごう》に対《たい》する博文《ひろぶみ》の立場《たちば》については、ちがった視点《してん》から書《か》かれた学者《がくしゃ》の論文《ろんぶん》も二十一世紀《せいき》にはいった今日《こんにち》見《み》られるようになったが、あえてそれを持《も》ち出《だ》すこともあるまい。

博文《ひろぶみ》が初代韓国統監《しょだいかんこくとうかん》であったことは、そのためにも朝鮮人民《ちょうせんじんみん》の恨《うら》みを一身《いっしん》にあつめ、いまでは日本人一般《にほんじんいっぱん》も、博文《ひろぶみ》を韓国併合《かんこくへいごう》の全責任《ぜんせきにん》を負《お》う人物《じんぶつ》として認識《にんしき》している。博文《ひろぶみ》が怨《うら》みの銃弾《じゅうだん》をあびて、凍《い》てついた大陸《たいりく》の荒野《こうや》に果《は》てたのも、激動《げきどう》する時代《じだい》を歩《ある》いた者《もの》の宿命《しゅくめい》だったのだ。

明治《めいじ》四十二(一九〇九)年《ねん》八月《がつ》二十二日《にち》、「日韓併合《にっかんへいごう》ニ関《かん》スル条約《じょうやく》」により、韓国《かんこく》は日本《にほん》の領土《りょうど》となった。その二カ月《げつ》まえの六月《がつ》十四日《か》、博文《ひろぶみ》は韓国統監《かんこくとうかん》を辞任《じにん》した。

博文《ひろぶみ》の韓国統監辞任《かんこくとうかんじにん》は、天皇《てんのう》による辞表却下《じひょうきゃっか》の詔勅《しょうちょく》でひきとめられたが、博文《ひろぶみ》は老齢《ろうれい》を理由《りゆう》に頑《がん》として意志《いし》をひるがえさず、ふたたび辞表《じひょう》を捧呈《ほうてい》してようやく許《ゆる》され、韓国問題《かんこくもんだい》から身《み》を離《はな》した。それからわずか四カ月後《げつご》に暗殺《あんさつ》されるのである。

志士《しし》伊藤博文《いとうひろぶみ》の最後《さいご》

二年《ねん》まえ、博文《ひろぶみ》はロシア蔵相《ぞうしょう》ココフツェフが東清鉄道視察《とうしんてつどうしさつ》のため満州《まんしゅう》にやってくることを聞《き》き、彼《かれ》との会談《かいだん》を申《もう》し入《い》れ承諾《しょうだく》を得《え》た。ココフツェフとの会談《かいだん》を伊藤《いとう》にすすめたのは、南満州鉄道総裁《みなみまんしゅうてつどうそうさい》の後藤新平《ごとうしんぺい》だった。

「伊藤公《いとうこう》は韓国《かんこく》という一小天地《しょうてんち》に躊躇《ちゅうちょ》するには惜《お》しい人物《じんぶつ》です。世界《せかい》の舞台《ぶたい》に乗《の》り出《だ》して、当世《とうせい》の群雄《ぐんゆう》と議論《ぎろん》を交《か》わし、以《もっ》て対清《たいしん》・対露《たいろ》の国交調節《こっこうちょうせつ》にあたられるべきではありませんか」

後藤《ごとう》は、やや疲《つか》れ気味《ぎみ》の博文《ひろぶみ》をはげます意味《いみ》もあって熱心《ねっしん》にそれを説《と》き、たまたま満州《まんしゅう》にすがたを見《み》せるロシア蔵相《ぞうしょう》との会談《かいだん》を提案《ていあん》したのだった。

博文《ひろぶみ》は六十九歳《さい》である。体力《たいりょく》の衰《おとろ》えはもはやかくすべくもなく、韓国問題《かんこくもんだい》から遠《とお》ざかろうとする気力《きりょく》のなさもそんなところからきているのかもしれなかった。

日露戦争《にちろせんそう》まえ、日英同盟《にちえいどうめい》に反対《はんたい》し、ひとりで日露協商《にちろきょうしょう》をとなえていた博文《ひろぶみ》は、講和後《こうわご》のロシアとの安定《あんてい》した国交《こっこう》を気《き》にかけ、ココフツェフとの会談《かいだん》を発意《ほつい》して老軀《ろうく》にむち打《う》ちながら満州《まんしゅう》に出《で》かけた。

明治《めいじ》四十二(一九〇九)年《ねん》十月《がつ》二十六日午前《にちごぜん》九時《じ》、博文《ひろぶみ》はハルビン駅《えき》に到着《とうちゃく》した。二十四日《か》に同地《どうち》へはいり、待《ま》ちうけていたココフツェフ蔵相《ぞうしょう》とサロン車《しゃ》で初対面《しょたいめん》の挨拶《あいさつ》を交《か》わす。それからココフツェフの要請《ようせい》により、伊藤《いとう》はロシア守備隊《しゅびたい》を閲兵《えっぺい》、各国領事団《かっこくりょうじだん》が整列《せいれつ》する位置《いち》まで進《すす》んで握手《あくしゅ》を交《か》わし、さらに日本人歓迎者《にほんじんかんげいしゃ》のほうにむかおうとして数歩《すうほ》進《すす》んだ時《とき》、ひとりの男《おとこ》が参列者《さんれつしゃ》の後方《こうほう》から躍《おど》り出《で》て、伊藤《いとう》にむけて拳銃《けんじゅう》を連射《れんしゃ》した。

「三発《ぱつ》はあたったようだ。凶漢《きょうかん》は何者《なにもの》か」

と、いいながら博文《ひろぶみ》が倒《たお》れそうになったのを、そばにいた随員《ずいいん》がささえて車内《しゃない》に運《はこ》びこんだ。随行《ずいこう》の医師《いし》や居留民団《きょりゅうみんだん》から派遣《はけん》された医師《いし》による手当《てあ》てがおこなわれ、博文《ひろぶみ》の意識《いしき》ははっきりしていた。

小山《こやま》のすすめで、ブランデーを口《くち》にふくみ、さらに二杯目《はいめ》をかろうじて飲《の》みくだしてから、急速《きゅうそく》に顔色《かおいろ》が蒼白《そうはく》にかわり終焉《しゅうえん》をむかえた。午前十時《ごぜんじ》だった。

下手人《げしゅにん》の安重根《アンジュングン》は死刑《しけい》を宣告《せんこく》され、翌年《よくねん》三月《がつ》二十六日《にち》、旅順監獄《りょじゅんかんごく》で絞首刑《こうしゅけい》に処《しょ》された。取《と》り調《しら》べにあたって彼《かれ》が述《の》べた「伊藤博文《いとうひろぶみ》の罪状《ざいじょう》十五カ条《じょう》」のなかには、閔妃《みんひ》暗殺《あんさつ》を伊藤《いとう》博文《ひろぶみ》が指揮《しき》したとなっているなど、不確《ふたし》かな情報《じょうほう》によるいくつかの誤解《ごかい》もまじっている。

しかし三次《じ》にわたる日韓協約《にっかんきょうやく》をはじめとする日本《にほん》の対韓政策《たいかんせいさく》への怒《いか》りが噴《ふ》きこぼれる時《とき》、初代韓国統監《しょだいかんこくとうかん》の役《やく》をひきうけた博文《ひろぶみ》に銃弾《じゅうだん》が発《はっ》せられたことも、やむを得《え》なかったとしなければならない。

博文《ひろぶみ》が満州《まんしゅう》に旅立《たびだ》つ直前《ちょくぜん》、首相《しゅしょう》 桂太郎《かつらたろう》は壮行《そうこう》の晩餐会《ばんさんかい》を催《もよお》した。同席《どうせき》した外字新聞《がいじしんぶん》ジャパン・メールの主筆《しゅひつ》ブリンクリーが、伊藤《いとう》に突然《とつぜん》「時《とき》にはかつて身《み》を危険《きけん》にさらしたことも思《おも》い出《だ》されることでしょう」とたずねた。

初代韓国統監《しょだいかんこくとうかん》の満州旅行《まんしゅうりょこう》につきまとう暗殺《あんさつ》の危惧《きぐ》を考《かんが》えたのだろう。伊藤《いとう》は「わたしは常時危険《じょうじきけん》に身《み》をさらしている。昔《むかし》はすこしばかり命《いのち》を惜《お》しいと思《おも》うこともあったが、余命《よめい》いくばくもない今日《こんにち》では、国《くに》のためならいつでもよろこんで死《し》ねる。わたしが懸念《けねん》している最後《さいご》の問題《もんだい》は韓国《かんこく》だから、それさえかたがつけば安心《あんしん》だ」と答《こた》えている。

反日運動《はんにちうんどう》の指導者《しどうしゃ》たちが、きびしい取《と》り締《し》まりをのがれて、韓国《かんこく》を脱出《だっしゅつ》し満州《まんしゅう》などにかくれている。満州旅行《まんしゅうりょこう》は危険《きけん》のなかに飛《と》びこむようなものだった。

汽船鉄嶺丸《きせんてつれいまる》で門司港《もじこう》を出発《しゅっぱつ》する前夜《ぜんや》、下関《しものせき》に渡《わた》って春帆楼《しゅんぱんろう》に一泊《いっぱく》し、日清講和談判《にっしんこうわだんぱん》の思《おも》い出《で》にふけり、また夜《よる》はなにかの予感《よかん》に誘《さそ》われたかのように、ひとり街《まち》に出《で》て、志士時代《ししじだい》に通《かよ》った稲荷町《いなりちょう》の料亭大坂屋《りょうていおおさかや》に顔《かお》をのぞかせたりもした。古《ふる》い顔《かお》なじみの女将《おかみ》は不在《ふざい》で、博文《ひろぶみ》の顔《かお》を知《し》らない若《わか》い女中《じょちゅう》は、予約《よやく》もなく訪《おとず》れた老人《ろうじん》を玄関払《げんかんばら》いした。

大連《だいれん》に上陸《じょうりく》した博文《ひろぶみ》は旅順《りょじゅん》に足《あし》をはこび、日露戦《にちろせん》でおびただしい犠牲《ぎせい》を出《だ》した戦跡二百《せんせきにひゃく》三高地《さんこうち》などもまわって慰霊《いれい》の祈《いの》りを捧《ささ》げたのち、十月二十五日《がつ》《にち》の夜行列車《やこうれっしゃ》でハルビンにむかい、翌朝《よくちょう》の遭難《そうなん》となるのである。

加害者《かがいしゃ》が韓国《かんこく》の志士《しし》だったと聞《き》いて、「ばかなやつじゃ」と一言《ひとこと》、臨終《りんじゅう》につぶやいた。それが博文《ひろぶみ》の最期《さいご》の言葉《ことば》だった。

自身《じしん》も志士《しし》といわれるひとときをすごし、幕末動乱《ばくまつどうらん》の死線《しせん》を越《こ》えて、初代内閣総理大臣《しょだいないかくそうりだいじん》という栄光《えいこう》を背負《せお》った「周旋家《しゅうせんか》・伊藤俊輔《いとうしゅんすけ》」の壮烈《そうれつ》な最期《さいご》であった。

エピローグ

陣痛の苦しみ

新《あたら》しい命《いのち》が、この世《よ》に生《う》まれるとき、
母体《ぼたい》は激《はげ》しい苦《くる》しみに襲《おそ》われる。
それが陣痛《じんつう》だ。
幕府《ばくふ》がたおれて、
近代国家《きんだいこっか》日本《にほん》が生《う》まれるときも、
日本列島《にほんれっとう》は弓《ゆみ》なりにからだを反《そ》らせて、
苦《くる》しみの声《こえ》をあげた。

まずはそれが戊辰戦争《ぼしんせんそう》だった。
あくまでも徳川幕府《とくがわばくふ》への忠誠《ちゅうせい》をつらぬこうとする者《もの》と、
幕藩体制《ばくはんたいせい》を打《う》ち壊《こわ》して、
新《あたら》しい世《よ》を開《ひら》こうとする者《もの》が、

たがいの正義《せいぎ》をかざして闘争《とうそう》をくりひろげた。
奇《き》兵隊《へいたい》をはじめ明治《めいじ》政府《せいふ》軍《ぐん》の多《おお》くは民兵《みんぺい》だった。
旧幕軍《きゅうばくぐん》のほとんどはサムライの集団《しゅうだん》だった。
それは新《しん》と旧《きゅう》の戦《たたか》い、
武士《ぶし》と民衆《みんしゅう》の対決《たいけつ》でもあった。

真夏《まなつ》の中国路《ちゅうごくじ》で、
秋《あき》の陸奥《むつ》で、
冬《ふゆ》の北越《ほくえつ》で、
雪《ゆき》の北海道《ほっかいどう》で、
同胞《どうほう》が殺《ころ》しあった悲《かな》しい戦《いくさ》を戦《たたか》って、
個人的《こじんてき》な恨《うら》みもなく、

敵《てき》も味方《みかた》もなく、
ただ大勢《おおぜい》の男《おとこ》たちが、
折《お》り重《かさ》なって命《いのち》を散《ち》らし、
若《わか》き無名《むめい》戦士《せんし》の骨《ほね》が、
荒野《こうや》に枯《か》れた。

黒船来航《くろふねらいこう》から明治《めいじ》四年《ねん》までの十八年間《ねんかん》、
闘死《とうし》・刑死《けいし》・暗殺《あんさつ》・自刃《じじん》・戦死《せんし》でみまかった者《もの》は、
一万《まん》八千人《せんにん》。
その九割《わり》は十代《だい》から三十代《だい》の若《わか》い人々《ひとびと》だった。
それが新《あたら》しい命《いのち》を誕生《たんじょう》させる陣痛《じんつう》、
それが新《あたら》しい世《よ》の中《なか》を生《う》むために、

支払《しはら》われた代償《だいしょう》というのなら、
歴史《れきし》とはなんという残酷《ざんこく》なモンスターなのだ。

冷《つめ》たい泥濘《でいねい》の上《うえ》に、
少年《しょうねん》の美《うつく》しい肉体《にくたい》を腐乱《ふらん》させるなんて、
それも乱世《らんせい》の青春《せいしゅん》だったのだと、
強弁《きょうべん》するのはだれだ。
歴史《れきし》は若者《わかもの》の血《ち》を飲《の》みこむ。
いけにえとなった者《もの》の血《ち》は、
際限《さいげん》もなく歴史《れきし》にささげられ、
変革《へんかく》という名《な》の吸血鬼《きゅうけつき》は、
貪欲《どんよく》に若者《わかもの》の血《ち》を欲《ほ》しがった。

そのようにしてつくりあげた日本《にほん》の近代《きんだい》を、
次代《じだい》に渡《わた》すために、
しなければならない仕事《しごと》が、
幕末《ばくまつ》を戦《たたか》い、明治《めいじ》に生《い》きのこった人《ひと》たちにあたえられる。
明治《めいじ》の元勲《げんくん》とは、明治維新《めいじいしん》に大《おお》きな勲功《くんこう》があって、
重《おも》んじられた政治家《せいじか》のこと。
元勲優遇《げんくんゆうぐう》の勅語《ちょくご》をうけた伊藤博文《いとうひろぶみ》・山県有朋《やまがたありとも》、
西郷隆盛《さいごうたかもり》・木戸孝允《きどたかよし》・大久保利通《おおくぼとしみち》らをいう。

元勲《げんくん》たちは、なにをのこしたか。
元勲伊藤博文《げんくんいとうひろぶみ》は、なにをしたか。

二十世紀《せいき》から二十一世紀《せいき》にかけて、
伊藤博文《いとうひろぶみ》の名《な》は、なお毀誉褒貶《きよほうへん》にとりまかれて、
日本近代史《にほんきんだいし》に屹立《きつりつ》している。

あとがき

率直《そっちょく》にいって伊藤博文《いとうひろぶみ》という人《ひと》の評価《ひょうか》は、ふたつに割《わ》れています。歴史家《れきしか》のあいだでも、あまり好意的《こういてき》に語《かた》られることがすくないようです。しかし元勲《げんくん》として、初代内閣総理大臣《しょだいないかくそうりだいじん》として、明治日本《めいじにほん》の草創期《そうそうき》に活躍《かつやく》したことはたしかであり、日本近代史《にほんきんだいし》における重要人物《じゅうようじんぶつ》であることを否定《ひてい》する人《ひと》は、いないでしょう。

博文《ひろぶみ》にとっての不幸《ふこう》は、なんといっても暗殺《あんさつ》による人生《じんせい》の終幕《しゅうまく》です。しかも韓国併合《かんこくへいごう》の立役者《たてやくしゃ》で、その罪《つみ》の報《むく》いによる非業《ひごう》の死《し》だったという認識《にんしき》が、ゆきわたっていることも、伊藤博文《いとうひろぶみ》の印象《いんしょう》を暗《くら》くしています。

博文《ひろぶみ》には四人《にん》の子《こ》どもがいましたが、とても子煩悩《こぼんのう》な人《ひと》でした。旅先《たびさき》から、こまめに奥《おく》さん宛《あ》ての手紙《てがみ》を出《だ》していますが、「子《こ》どもたちのことをよろしく」と、かならず書《か》きそえていました。

長州閥《ちょうしゅうばつ》ということでは、山県有朋《やまがたありとも》がその派閥《はばつ》に熱心《ねっしん》でしたが、博文《ひろぶみ》はさほどこだわっていませんでした。かつての敵国《てきこく》、豊前《ぶぜん》（福岡県《ふくおかけん》）生《う》まれの末松謙澄《すえまつけんちょう》の人柄《ひとがら》と才能《さいのう》に惚《ほ》れて長女《ちょうじょ》の生子《いくこ》を嫁《よめ》にやっています。

大隈内閣《おおくまないかく》の法相《ほうしょう》、東京市長《とうきょうしちょう》などつとめ、「憲政《けんせい》の神様《かみさま》」「潔癖孤高《けつぺきここう》の政治家《せいじか》」といわれた尾崎行雄《おざきゆきお》（咢堂《がくどう》）は、伊藤博文《いとうひろぶみ》のことを次《つぎ》のように評《ひょう》しています。

「（伊藤公《いとうこう》は）つまらぬと思《おも》うことでも、賞《ほ》められると非常《ひじょう》によろこんでみたり、いささかのことでも意《い》の如《ごと》くならぬと大層《たいそう》それを悲《かな》しんでみたり、いかにも天真流離《てんしんりゆうり》、児女《じじょ》のごとき情《じょう》があった。官爵《かんしゃく》は人臣《じんしん》の栄《えい》を極《きわ》めていながら、ヒョイッと頬《ほお》かぶりして歩《ある》きだしたり、座敷《ざしき》へ尻《しり》をまくって坐《すわ》ってみたり、案外不謹慎《あんがいふきんしん》な言葉《ことば》を洩《も》らしてあとからとりけしたり、いかにも子《こ》どもらしいところが、老人《ろうじん》になるまで存《そん》していた。これが、世間《せけん》から憎《にく》まれなかった主《おも》なる原因《げんいん》であろう」

晩年《ばんねん》の彼《かれ》の言動《げんどう》が誤解《ごかい》されている面《めん》もあるので、この本《ほん》ではいささかの弁護《べんご》もこころみました。また志士時代《ししじだい》の行動《こうどう》をはじめ、彼《かれ》の人間的《にんげんてき》な面《めん》にも光《ひかり》をあててみました。

紀元《きげん》二〇〇七年早春《ねんそうしゅん》

古川《ふるかわ》　薫《かおる》

むかしの国名
〔1868(明治元)年〕

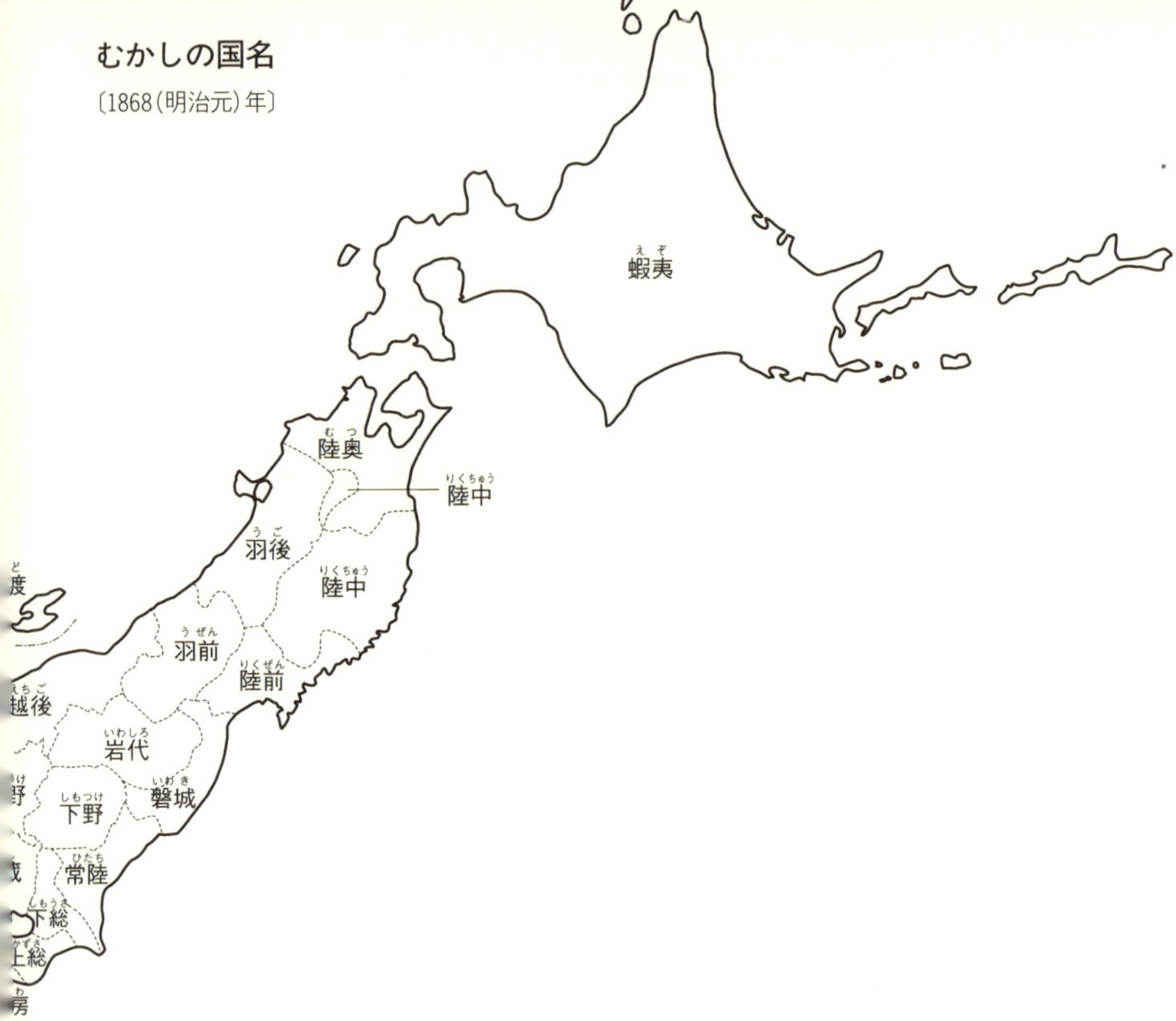

伊藤博文略年譜《いとうひろぶみりゃくねんぷ》

年《ねん》 代《だい》	伊藤《いとう》のあゆみと国内《こくない》のうごき
天保十二年《てんぽうねん》 一八四一	九月二日《がつふつか》、周防国熊毛郡束荷村《すおうのくにくまげぐんつかりむら》で生《う》まれる。前年《ぜんねん》、アヘン戦争《せんそう》はじまる。 一歳《さい》
安政四年《あんせいねん》 一八五七	九月《がつ》、松下村塾《しょうかそんじゅく》に入塾《にゅうじゅく》。吉田松陰《よしだしょういん》から政治家《せいじか》の資質《ししつ》を認《みと》められる。下田条約調印《しもだじょうやくちょういん》。 十七歳《さい》
文久二年《ぶんきゅうねん》 一八六二	一月《がつ》、坂下門外《さかしたもんがい》の変《へん》。十二月《がつ》、高杉晋作《たかすぎしんさく》らと江戸《えど》のイギリス公使館《こうしかん》を焼《や》き打《う》ちする。 二十二歳《さい》
文久三年《ぶんきゅうねん》 一八六三	三月《がつ》、準士分《じゅんしぶん》に列《れっ》せられてのち、藩命《はんめい》でロンドンに密航《みっこう》。五月《がつ》、攘夷戦《じょういせん》はじまる。 二十三歳《さい》
元治元年《げんじがんねん》 一八六四	七月《がつ》、英国《えいこく》より帰国《きこく》、八月《がつ》、井上聞多《いのうえもんた》とともに講和《こうわ》談判通訳《だんぱんつうやく》。十二月《がつ》、高杉晋作《たかすぎしんさく》の功山寺《こうざんじ》挙兵《きょへい》に参加《さんか》。連合艦隊下関襲撃《れんごうかんたいしものせきしゅうげき》。第《だい》一次長州征伐《じちょうしゅうせいばつ》。 二十四歳《さい》
慶応元年《けいおうがんねん》 一八六五	四月《がつ》、第《だい》二次長州征伐令《じちょうしゅうせいばつれい》。七月《がつ》、十二月《がつ》、武器購入《ぶきこうにゅう》のため長崎《ながさき》に出張《しゅっちょう》。 二十五歳《さい》
明治元年《めいじがんねん》 一八六八	一月《がつ》、戊辰戦争《ぼしんせんそう》はじまる。二月《がつ》、徴士《ちょうし》・参与《さんよ》・外国《がいこく》事務局判事《じむきょくはんじ》、五月《がつ》、兵庫県知事《ひょうごけんちじ》拝命《はいめい》。 二十八歳《さい》
明治四年《めいじねん》 一八七一	七月《がつ》、廃藩置県《はいはんちけん》。十一月《がつ》、岩倉使節団副使《いわくらしせつだんふくし》として米《べい》欧回覧《おうかいらん》の途《と》につく。 三十一歳《さい》

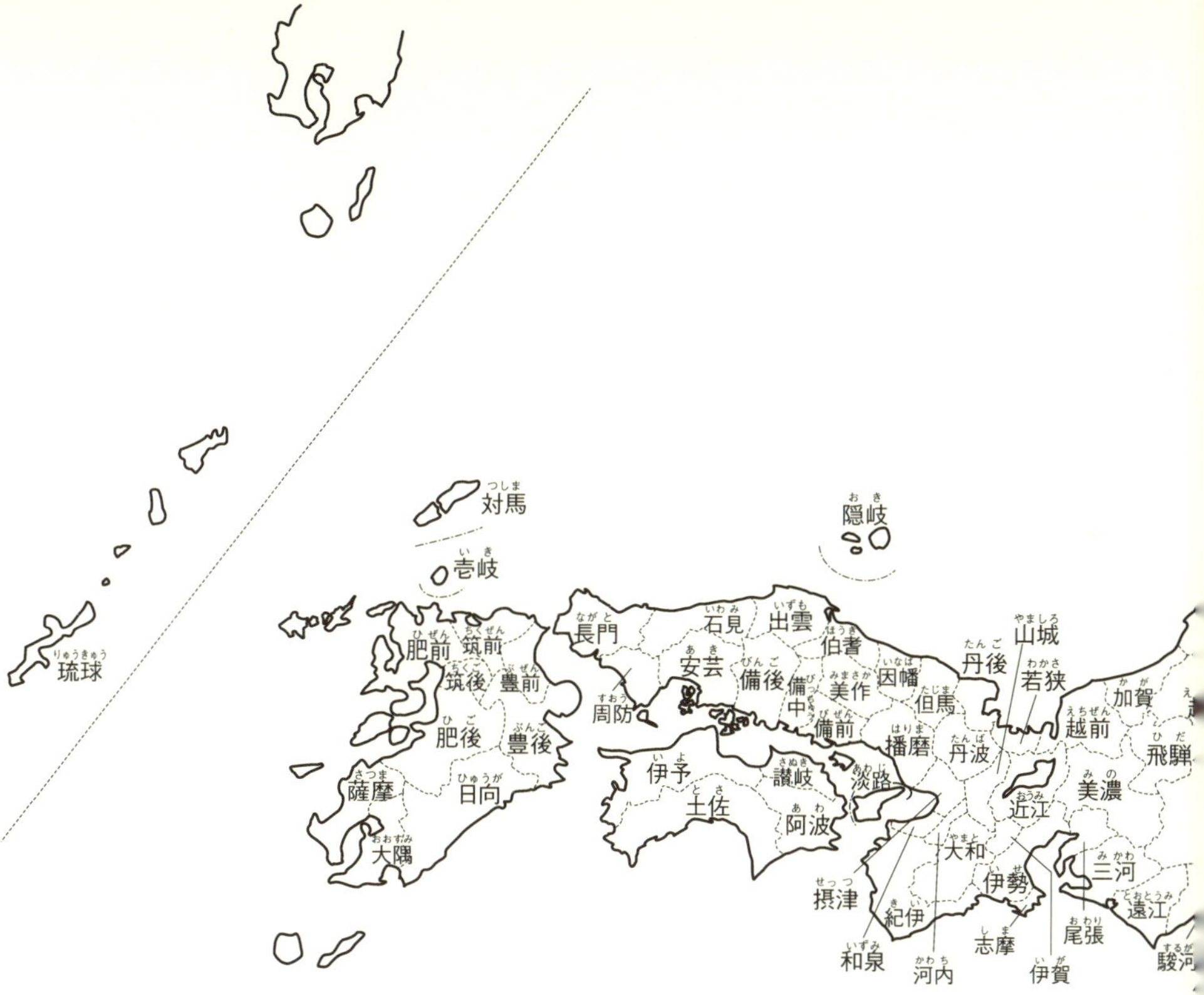

明治《めいじ》六年《ねん》 一八七三	九月《がつ》、米欧回覧《べいおうかいらん》より帰朝《きちょう》。十月《がつ》、任参議兼工部卿《にんさんぎけんこうぶきょう》。明治《めいじ》六年《ねん》の政変《せいへん》。	三十三歳《さい》
明治《めいじ》十八年《ねん》 一八八五	十二月《がつ》、内閣総理大臣兼宮内大臣《ないかくそうりだいじんけんくないだいじん》。第《だい》一次《じ》伊藤内閣《いとうないかく》発足《ほっそく》。太政官《だいじょうかん》を廃止《はいし》。	四十五歳《さい》
明治《めいじ》二五年《ねん》 一八九二	二月《がつ》、選挙大干渉《せんきょだいかんしょう》。四月《がつ》、条約改正案調査委員《じょうやくかいせいあんちょうさいいん》を拝命《はいめい》。八月《がつ》、第《だい》二次《じ》伊藤内閣《いとうないかく》発足《ほっそく》。	五十二歳《さい》
明治《めいじ》二八年《ねん》 一八九五	四月《がつ》、清国全権使節李鴻章《しんこくぜんけんしせつりこうしょう》と講和談判《こうわだんぱん》、下関条約《しものせきじょうやく》を締結《ていけつ》。日清戦争終結《にっしんせんそうしゅうけつ》。	五十五歳《さい》
明治《めいじ》三一年《ねん》 一八九八	一月《がつ》、第《だい》三次《じ》伊藤内閣《いとうないかく》発足《ほっそく》。六月《がつ》、元勲優遇《げんくんゆうぐう》の詔勅《しょうちょく》をうける。十一月《がつ》、憲政本党結成《けんせいほんとうけっせい》。	五十八歳《さい》
明治《めいじ》三三年《ねん》 一九〇〇	十月《がつ》、第《だい》四次《じ》伊藤内閣《いとうないかく》発足《ほっそく》。翌年《よくねん》五月《がつ》、総辞職《そうじしょく》。立《りつ》憲政友会結成《けんせいゆうかいけっせい》。	六十歳《さい》
明治《めいじ》三六年《ねん》 一九〇三	七月《がつ》、枢密院議長《すうみついんぎちょう》となる。ロシアと戦争《せんそう》の危機《きき》高《たか》まる。翌年開戦《よくねんかいせん》。七博士《はくし》の対露強硬論《たいろきょうこうろん》。	六十三歳《さい》
明治《めいじ》三八年《ねん》 一九〇五	九月《がつ》、日露戦争終結《にちろせんそうしゅうけつ》。十一月《がつ》、特派大使《とくはたいし》として韓国《かんこく》に派遣《はけん》。十二月《がつ》、韓国統監拝命《かんこくとうかんはいめい》。	六十五歳《さい》
明治《めいじ》四二年《ねん》 一九〇九	六月《がつ》、韓国統監《かんこくとうかん》を辞任《じにん》。九月《がつ》、日清協約調印《にっしんきょうやくちょういん》。十月《がつ》、満州《まんしゅう》ハルビン駅頭《えきとう》で狙撃《そげき》され死去《しきょ》。	六十九歳《さい》

古川　薫（ふるかわ　かおる）
1925年、山口県下関市に生まれる。山口大学卒業。山口新聞編集局長を経て文筆活動に入る。1991年、『漂泊者のアリア』で第104回直木賞を受賞する。著書に『正午位置』『ザビエルの謎』『高杉晋作 わが風雲の詩』『留魂の翼 吉田松陰の愛と死』『毛利一族』『軍神』などがある。

岡田嘉夫（おかだ　よしお）
1937年、兵庫県神戸市に生まれる。1971年から、さし絵の世界に入る。1973年、『その名は娼婦』他の作品で講談社出版文化賞（さし絵部門）を受賞。作品に『絵草子源氏物語』『源氏たまゆら』『絵双紙妖綺譚 朱鱗の家』『みだれ絵双紙 金瓶梅』などがある。

伊藤博文 明治日本を創った志士　　時代を動かした人々（維新篇）

2007年３月25日　第１刷発行

著者／**古川《ふるかわ》　薫《かおる》**　画家／**岡田嘉夫《おかだよしお》**
編集／上野和子
発行者／小峰紀雄

発行所／㈱**小峰書店**　〒162-0066 東京都新宿区市谷台町4-15
☎03-3357-3521　FAX 03-3357-1027
http://www.komineshoten.co.jp/
本文組版／株式会社 タイプアンドたいぽ
印刷／株式会社 三秀舎　製本／小高製本工業株式会社

NDC913

219P 22cm
ISBN978-4-338-17110-6